ulmer

Anne und Falco Tietjen

KREATIV
MIT BIENENWACHS

ÜBER 50 REZEPTE
ZUM NACHMACHEN

KOSMETIK · HAUSHALT · DEKO

Inhaltsverzeichnis

EINE KURZE EINFÜHRUNG
ZU BIENENWACHS

Wenn Sie mit Bienenwachs arbeiten, dann haben Sie es mit einem wertvollen Naturprodukt zu tun. Bienen bauen ihre Waben aus Wachs. Bienenwaben sind die „Einrichtung" des Bienenstockes und der Lagerort für den aus Nektar gewonnenen Honig. Dabei stellen Bienen Wachs mit sehr hohem Energieaufwand her. Es wird geschätzt, dass sie die Produktion von einem Kilo Wachs sechs Kilo Honig kostet. Imker betrachten überschüssiges Bienenwachs als Abfallprodukt. Dabei ist natürlich nicht Abfall im herkömmlichen Sinne gemeint, denn selbstverständlich wird in der Natur alles wiederverwendet. Entnimmt der Imker den Honig aus dem Bienenstock, dann behält er oft auch das Wachs. Wachs und Honig werden beim Schleudern voneinander getrennt. Das Wachs wird aus hygienischen Gründen eingeschmolzen, Rückstände entfernt und daraus neue Mittelwände für die Bienenstöcke geformt. Übrig bleiben gesund-gelbe Waben, die

wir für viele DIY-Projekte nutzen können. Außerdem werden aus dem Wachs Bienenwachs-Pastillen hergestellt. Diese kleinen oval-runden Stückchen Wachs lassen sich einfach dosieren und aufgrund ihrer geringen Größe schnell schmelzen.

Bienenwachs ist nicht nur praktisch und natürlich, es ist auch auf verschiedene Art und Weise nützlich. So wirkt es beispielsweise antibakteriell und hält damit in Form von Holzpolitur (Rezept siehe S. 36) Oberflächen sauber. Darüber hinaus ist es auch Pilzen gegenüber resistent und kann Oberflächen vor der Ansiedelung der kleinen Schmarotzer schützen. Diese Eigenschaften ergeben viel Sinn, wenn man sich überlegt, dass Tausende von Bienen auf engem Raum, umgeben von Wachs, leben und ihre Nahrung dort lagern.

Bienen spielen in den Ökosystemen auf der ganzen Welt eine

enorm wichtige Rolle. Sie sind aufgrund der Umweltbedingungen vielerorts in ihrer Existenz bedroht. Unterstützen Sie daher die Haltung von Bienen in artgerechter Form, damit die fleißigen Helfer noch lange ihre wichtige Arbeit in der Natur ausführen werden. Kaufen Sie Bienenprodukte wie Wachs und Honig aus artgerechter Haltung und legen Sie Wert auf hohe Qualität, die Sie von engagierten Imkern, denen das Wohl der Völker am Herzen liegt, erwarten dürfen.

Das Wachs ist beim Basteln und Werkeln in der eigenen Küche oder Werkstatt ein dankbares Material, das sich leicht handhaben lässt. Bienenwachs ist bestens für das Basteln mit Kindern geeignet. Achten Sie beim Umgang mit Wachs darauf, dass seine Schmelztemperatur zwischen 61 und 65 °C liegt. Erwärmen Sie daher das Wachs immer langsam und vorsichtig, um seine Eigenschaften vollständig zu erhalten.

In vielen handelsüblichen Produkten wie Wachskerzen oder Wachstüchern kommt kein Bienenwachs, sondern aus Paraffinen bzw. Mineralöl künstlich hergestelltes Wachs vor. Achten Sie darauf, dass künstliches Wachs andere Eigenschaften hat als das hier vorgestellte Bienenwachs. Wenn Sie eigene Produkte aus natürlichen Zutaten herstellen wollen, sollten Sie Bienenwachs nicht mit anderen Wachsen mischen und darauf achten, wo Ihr Bienenwachs herkommt. Der Imker aus dem Ort, der Biomarkt oder der Online-Shop Ihres Vertrauens hilft Ihnen ganz sicher weiter.

KURZER HINTERGRUND ZU DEN HILFSMITTELN UND ZUTATEN

Zum Arbeiten mit Bienenwachs können Sie grundsätzlich Profiwerkzeug, aber auch eine Hobby-Ausrüstung verwenden. Der Profi nutzt hier einen doppelwandigen Schmelztopf, ein Wasserbad aus einem Kochtopf noch und eine Rührschüssel oder einem alten Marmeladenglas bringt aber das gleich gute Ergebnis. Selbstverständlich bringen spezielle Utensilien auch Annehmlichkeiten mit sich. Beim Arbeiten mit Bienenwachs in größerem Rahmen sind sie sicherlich sinnvoll und können Zeit sparen. Beim Probieren und Basteln kommen Sie aber mit im Haushalt vorhandenen Gegenständen genauso weit. Versuchen Sie doch einmal neue Rezepte, ohne sich allzu viel Ausrüstung anzuschaffen. Denn auf die Inhaltsstoffe kommt es an. Achten Sie vor allem darauf, Bienenwachs von hoher Qualität zu kaufen, und dass die Fette und ätherischen Öle rein natürlich sind. Damit haben Sie mit Ihren selbst hergestellten Produkten größere Freude. Vor allem, was auf die Haut aufgetragen wird oder täglich in Kontakt mit dem Körper kommt, sollte rein und hochwertig sein. Sollten Sie nach dem fertigen Ziehen noch eine Kerze übrig haben, dann lässt sich diese problemlos beim nächsten Mal verwenden. Lassen Sie die Kerze wieder fest werden und schmelzen Sie dieselbe für das nächste Projekt mit ein. Das funktioniert auch mit Kerzenresten oder anderen Produkten aus reinem Bienenwachs.

KERZEN & DEKO

– AUS BIENENWACHS –

Wussten Sie, dass Bienenwachskerzen viel länger als normale Kerzen brennen? Mit Kerzen und Figuren aus Bienenwachs lässt sich jedes Heim optisch verschönern. Auch hat das Raumluftklima etwas von der Verwendung des natürlichen, wertvollen Rohstoffes. Bienenwachs verströmt einen herrlichen Duft und gibt beim Verdunsten keine künstlichen Stoffe an die Luft ab. Färben Sie weißes Bienenwachs mit Wachsmalstiften aus Bienenwachs in der gewünschten Farbe und erhalten Sie farbige Kerzen für Ihre Dekoration. Übrigens lassen sich für die Herstellung der verschiedenen Kerzen auch wunderbar Reste alter Bienenwachskerzen mit einschmelzen und damit bis zum letzten Tropfen verbrauchen.

DIE GRUNDKURS-ANLEITUNG
FÜRS KERZEN GIESSEN

1.

Stellen Sie die Gießform bereit. Fixieren Sie anschließend den Docht, indem Sie ein Klebeband über die Gießform kleben und den Docht durch ein Loch in der Mitte stecken. Natürlich können Sie den Docht auch mit anderen Hilfsmitteln wie z. B. Wäscheklammern fixieren.

2.

Dosieren Sie die Bienenwachsmenge, indem Sie die Gieß-form mit den ungeschmolzenen Pastillen befüllen. Fügen Sie ca. weitere ¼ Pastillen in der Größe der Gießform hinzu.

3.

Schmelzen Sie das Bienenwachs in einem Glas oder einer Dose in einem Wasserbad auf dem Herd. Alternativ können Sie das Wachs bei ca. 70–80 °C in einem Glas im Opfen schmelzen.

4.

Gießen Sie das flüssige Wachs vorsichtig mithilfe eines Topflappens in die bereitgestellte Gießform und lassen Sie das Wachs abkühlen. Entfernen Sie anschließend den Klebestreifen.

Wenn Sie die Kerzen in einer anderen Farbe haben möchten, mischen Sie Wachsmalstifte aus Bienenwachs in der gewünschten Farbe hinzu und zaubern Sie tolle Farbverläufe.

KERZENDOCHT
SELBER MACHEN

Dochte zum Kerzen gießen und ziehen gibt es in verschiedenen Dicken und Längen fertig zu kaufen. Sie selbst zu machen, ist allerdings auch sehr einfach. Alles, was Sie dazu brauchen, sind Bienenwachs und eine Baumwollschnur.

ZUTATEN UND HILFSMITTEL

- **Bienenwachs-Pastillen**
- **Baumwollschnur.** Das kann eine Bratenschnur sein, alte Schnürsenkel, Geschenkband, Gartenschnur – Hauptsache, sie besteht aus reiner Baumwolle.
- **Topf und Dose/Glas für ein Wasserbad**

VORGEHENSWEISE

1. Schmelzen Sie langsam das Wachs im Wasserbad.
2. Legen Sie die Baumwollschnur in das flüssige Wachs und lassen Sie diese sich vollständig vollsaugen.
3. Nehmen Sie die Schnur heraus, wenn keine Luftblasen mehr aufsteigen.
4. Hängen Sie den Docht ganz gerade zum Trocknen auf.
5. Verwenden Sie nun den Docht nach Anweisung der Kerzenherstellung.

Kerzendochte schnell selbst hergestellt – so kann das DIY-Projekt mit einfachen Vorräten aus dem Haushalt direkt beginnen!

SCHWIMMKERZEN AUS
WALNUSSSCHALEN

Schwimmkerzen aus Walnussschalen treiben wie kleine Boote in einer Schüssel mit Wasser. Diese kleinen Boten aus der Natur sind ganz einfach selbst herzustellen.

▷ Zutaten und Hilfsmittel

- **Bienenwachs**
- **Ganze Walnüsse mit Schale**
- **Docht mit Dochthalter.** Dünne, kurze Dochte reichen aus
- **Topf und Dose/Glas für ein Wasserbad**

▷ Vorgehensweise

1. Knacken Sie die Walnüsse und achten Sie darauf, dass die Schalenhälften ganz bleiben. Sie dienen als Gussform.
2. Reinigen Sie die Walnussschalen von möglichen Resten.
3. Schmelzen Sie das Bienenwachs im Wasserbad.
4. Schneiden Sie unterdessen die Dochte auf die richtige Länge, etwa 2–3 cm, je nach Tiefe der Walnussschale.
5. Stellen Sie die Dochte mit dem Dochhalter in die Schalen.
6. Füllen Sie nun die Wallnussschale bis kurz unter den Rand.
7. Lassen Sie die Kerze abkühlen und dann schwimmen.

Welch ein Anblick! Ein einzelnes Bötchen oder eine ganze Flotte aus schwimmenden, leuchtenden Walnussschalen hebt die Stimmung in jedem Wohnzimmer.

KERZEN UND FIGUREN SELBER GIESSEN
MIT EINER KERZEN-SILIKONFORM

Kerzen selbst aus Bienenwachs zu gießen, ist einerseits eine einfache und andererseits eine kreative Beschäftigung für Kinder und Erwachsene. Die Formen, Größen und Möglichkeiten der Verzierung sind sehr vielseitig. Bei Kerzen aus reinem Bienenwachs wissen Sie auch genau, welche Inhaltsstoffe in Ihrem Heim verdunsten.

ᚱ ZUTATEN UND HILFSMITTEL

- **Bienenwachs.** Bienenwachs-Pastillen eignen sich am besten zur Herstellung von Kerzen, weil sie leicht zu dosieren sind. Kerzen aus reinem Bienenwachs riechen angenehm und verströmen eine gemütliche Atmosphäre. Die Menge des Bienenwachses hängt von der Größe Ihrer Gießform ab.

- **Gießform.** Wählen Sie Gießformen aus Silikon, die wiederverwendbar und einfach zu handhaben sind. Es gibt kleinere Gießformen für Teelichter oder Schwimmkerzen. Natürlich finden Sie auch Formen für Blockkerzen in allen Größen und solche in besonderen Formen wie Blumen, Blätter usw.

- **Docht**

- **Dochthalter oder Fixierstab**

- **Wachstopf.** Verwenden Sie als Alternative ein herkömmliches Wasserbad und nutzen Sie zum Schmelzen des Wachses eine alte Dose oder ein Marmeladenglas.

- **Verzierung.** Sie können Ihre fertigen Kerzen nach Belieben mit Mustern, Ornamenten oder kleinen Wachselementen verzieren. Entweder formen oder gießen Sie die kleinen Wachsfiguren selbst oder kaufen sie fertig.

- **Kerzenlack zum Veredeln.** Erhältlich im Kerzenfachhandel oder in Bastelgeschäften, manchmal auch Kerzenglanzlack genannt.

▶ Vorgehensweise

1. Schmelzen Sie die auf der Gießform angegebene Menge Bienenwachs als Pastillen im Wachstopf.
2. Fädeln Sie den Runddocht durch die seitliche Öffnung straff in Ihre Gießform ein.
3. Befestigen Sie den Docht an seinem unteren Ende, ziehen Sie ihn erneut straff und legen Sie ihn in die Mitte der Gießform. Mithilfe des Dochthalters oder Fixierstabes lässt er sich befestigen.
4. Füllen Sie nun die Gießform bis zum Rand. Beim Erkalten wird sich eine kleine Vertiefung um den Docht bilden, die Sie möglichst bald mit flüssigem Wachs auffüllen sollten.
5. Nehmen Sie die Kerze aus der Gießform, sobald sie vollständig erkaltet ist. Das geht leichter, wenn Sie die Kerze zunächst ½ Stunde im Gefrierschrank aufbewahren.
6. Tauchen Sie die Dochtspitze in Wachs, damit sie später gut brennt.
7. Verschließen Sie nun Ihre Figurenkerzen mit speziellem Kerzenglanzlack. Das verleiht ihnen einen herrlichen Glanz und schützt sie vor dem Ausbleichen. Tauchen Sie entweder die Kerzen in einen Behälter mit Lack oder bepinseln Sie Ihre gegossene Kerze.
8. Verzieren Sie Ihre Kerze nach Herzenslust.

Genießen Sie nun den herrlichen Duft und sanften Schein Ihrer handgegossenen Kerze. Mit dieser Methode lassen sich übrigens auch religiöse Figuren, Naturabbildungen oder klassische Kerzen aus einem Guss herstellen. Sie verzieren die Wohnstube mit Ihrem individuellen Stil und erstrahlen beim Abbrennen in heimeligem Licht.

KERZEN MACHEN AUS
SILIKONFORMEN

Haben Sie schöne Silikonformen zum Muffins backen oder Eiswürfel frieren in Ihrem Haushalt? Nutzen Sie diese, um mit wenig Aufwand individuelle Kerzen zu gießen.

▸ ZUTATEN UND HILFSMITTEL

- **Bienenwachs.** Die Menge richtet sich nach der Größe der zu befüllenden Form
- **Silikonform,** z. B. Muffinform oder Eiswürfelform mit gewünschten Motiven
- **Dochte**
- **Wäscheklammern**
- **Spülmittel**
- **Topf und Dose/Glas für ein Wasserbad**

▸ VORGEHENSWEISE

1. Stellen Sie die Silikonform bereit und streichen Sie diese mit Spülmittel ein.
2. Schneiden Sie die Dochte auf die richtige Länge, etwa 2–4 cm, je nach Tiefe der Form.
3. Stellen Sie die Dochte in die Form und fixieren Sie diese gegebenenfalls mit Wäscheklammern.
4. Schmelzen Sie Bienenwachs im Wasserbad.
5. Füllen Sie nun die Silkonform bis kurz unter den Rand mit dem flüssigen Wachs.
6. Lassen Sie die Kerze abkühlen und drücken Sie diese aus der Form.

KERZE IN DOSEN

Alten Dosen können Sie mit Bienenwachs noch einmal neues Leben einhauchen. Verwerten Sie hübsche Dosen erneut, um dekorative Kerzen herzustellen. Diese Methode ist einfach und ganz im Sinne der Umwelt.

▶ ZUTATEN UND HILFSMITTEL

- **Bienenwachs-Pastillen**
- **Dose in der gewünschten Größe und Form**
- **Sprühlack** bzw. Lack und Pinsel oder Geschenkpapier in der gewünschten Farbe
- **Docht**
- **Topf und Glas für ein Wasserbad**
- **Nagelschere**
- **Klebeband oder Wäscheklammern**

▶ VORGEHENSWEISE

1. Sprühen/malen Sie Ihre Dose in der Farbe Ihrer Wahl farbig an. Als Alternative können Sie die Dose auch mit Geschenkpapier einwickeln.
2. Stellen Sie die Dose als Gießform bereit.
3. Bringen Sie den Docht in der Mitte der Dose mithilfe des Klebebandes oder der Wäscheklammer an.
4. Schmelzen Sie Bienenwachs-Pastillen in einem Glas im Wasserbad.
5. Füllen Sie nun die Dose bis kurz unterhalb des Randes. Beim Erkalten wird sich eine kleine Vertiefung um den Docht bilden, diese können Sie mit flüssigem Wachs auffüllen.
6. Lassen Sie die Kerze abkühlen und aushärten.

SCHMÜCKEN SIE EIN HÜBSCHES WEIHNACHTSGESTECK MIT DEN KERZEN ODER NUTZEN SIE DIE DOSEN ALS KERZE FÜR UNTERWEGS.

KERZEN GIESSEN AUS
SAFTKARTONS, PLASTIKFLASCHEN & DOSEN

Die Umwelt wird es Ihnen danken. Sammeln Sie Saftkartons/Ölflaschen oder Dosen und verwerten Sie diese erneut, indem Sie diese als Gießform nutzen.

Zutaten und Hilfsmittel

- **Bienenwachs-Pastillen.** Die Menge kommt auf die Größe des Gefäßes an
- **Saftkarton/Ölflasche oder Dose.** Wir empfehlen eine dünne Getränkedose
- **Spülmittel**
- **Docht**
- **Pinsel/Löffel**
- **Schere** bei dünner Getränkedose/Saftkarton **oder Dosenöffner** bei einer Dose
- **Topf und Glas** für ein Wasserbad
- **Klebeband oder Wäscheklammern**

Vorgehensweise

1. Schneiden Sie die/den Getränkedose/Saftkarton/Ölflaschen in die gewünschte Kerzengröße. Wenn Sie eine Dose verwenden, schneiden Sie mit dem Dosenöffner den oberen Rand seitlich ab, sonst bekommen Sie die fertige Kerze nicht aus der Dose. Stellen Sie die Gießform bereit.
2. Verteilen Sie Spülmittel mithilfe eines Löffels oder Pinsels in der bereitgestellten Form.

3. Bringen Sie den Docht in der Mitte der Form mithilfe des Klebebandes oder der Wäscheklammern an.
4. Schmelzen Sie Bienenwachs-Pastillen in einem Glas im Wasserbad. Das Wachs darf nicht zu heiß werden, sonst geht die Gießform kaputt.
5. Füllen Sie nun nach und nach vorsichtig die Gießform bis kurz unterhalb des Randes mit dem flüssigen Wachs. Achtung: Durch das Spülmittel fängt das Wachs beim Eingießen zu sprudeln an. Beim Erkalten wird sich eine kleine Vertiefung um den Docht bilden, die Sie mit flüssigem Wachs auffüllen können.
6. Lassen Sie die Kerzen abkühlen und aushärten.
7. Drücken Sie die kalte Kerze vorsichtig aus der Dose, oder schneiden Sie vorsichtig den Karton bzw. die Plastikflasche auf und ziehen Sie den Karton/das Plastik ab.
8. Waschen Sie das Spülmittel von der Kerze.

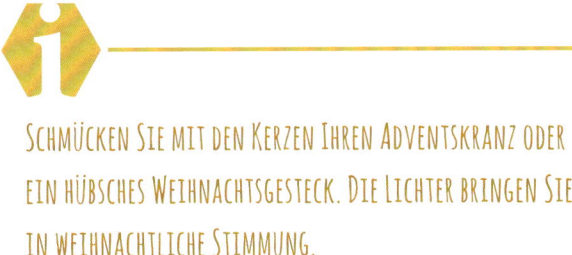

SCHMÜCKEN SIE MIT DEN KERZEN IHREN ADVENTSKRANZ ODER EIN HÜBSCHES WEIHNACHTSGESTECK. DIE LICHTER BRINGEN SIE IN WEIHNACHTLICHE STIMMUNG.

GEFÄRBTE
OSTEREIER

Lang anhaltende Osterfreuden! Mit gefärbten Eiern aus Wachs haben Sie und Ihre Familie lange etwas von den hübschen Ostereiern. Bei diesem einfachen Rezept haben auch Kinder ihre Freude.

ZUTATEN UND HILFSMITTEL

- **Bienenwachs-Pastillen**
- **Streichhölzer**
- **Fäden** zum Aufhängen der Eier
- **Messer**
- **Eier**
- **Wachsmalstifte** zum Färben in der gewünschten Farbe aus reinem Bienenwachs

VORGEHENSWEISE

1. Machen Sie mit der Messerspitze unten und oben ein Loch in das Ei und pusten Sie das Eiweiß und Eigelb in eine Schüssel.
2. Waschen Sie das Ei.
3. Knoten Sie um die Mitte des Streichholzes den Faden.
4. Schieben Sie nun das Streichholz in ein Loch des Eis. Damit können Sie nun das Ei aufhängen.
5. Schmelzen Sie langsam das Bienenwachs in einem Glas im Wasserbad oder bei 70 °C im Ofen.
6. Geben Sie nun zum Färben die gewünschte Menge Wachsmalstifte in Stückchen hinzu und rühren Sie gut um.
7. Drücken Sie die kalte Kerze vorsichtig aus der Dose oder schneiden Sie vorsichtig den Karton bzw. die Plastikflasche auf und ziehen Sie den Karton/das Plastik ab.
8. Tunken Sie das Ei an dem Faden in das farbige flüssige Wachs und lassen Sie es aushärten.

Nun heisst es, Strauch, Vase und Wohnung mit bunten Eiern schmücken und die Vorfreude auf das Osterfest geniessen.

FARBENFROHE
OSTEREIERKERZEN

Eierschalen sind eine prima Form zum Gießen von Osterkerzen. Pusten Sie Ihre Eier aus und gestalten Sie dann selbst eiförmige, farbige Kerzen.

▸ Zutaten und Hilfsmittel

- **Eier und die Eierverpackung**
- **Bienenwachs.** Wenn Sie bunte Eier gießen möchten, eignet sich weißes Bienenwachs
- **Messer**
- **Dochte**
- **Heißklebepistole**
- **Öl,** wenn Sie Eier ohne Schale herstellen möchten
- **Wachsmalstifte** zum Färben in der gewünschten Farbe aus reinem Bienenwachs (optional)
- **Topf und Glas** für ein Wasserbad

▸ Vorgehensweise

1. Machen Sie mit der Messerspitze unten und oben ein Loch in das Ei und pusten Sie das Eiweiß und Eigelb in eine Schüssel. Das obere Loch darf größer sein, da durch dieses auch das Wachs eingegossen wird.
2. Waschen Sie das Ei.
3. Gießen Sie vorsichtig ein wenig Öl in das Ei und schwenken Sie es. Das hilft später beim Abschälen der Schale. (Vorausgesetzt, Sie möchten die Schale abpellen.)
4. Verschließen Sie das untere Loch mit der Heißklebepistole, und lassen Sie den Kleber gut trocknen.
5. Positionieren Sie den Docht mittig im Ei. Hilfreich dabei ist es, wenn Sie die Eier in die Eierverpackung stellen.
6. Schmelzen Sie langsam das Bienenwachs in einem Glas im Wasserbad oder bei 70 °C im Backofen.
7. Geben Sie nun zum Färben die gewünschte Menge Wachsmalstifte in Stückchen hinzu und rühren Sie gut um (optional).
8. Gießen Sie das flüssige Wachs in die Eierschale und lassen es aushärten.
9. Entfernen Sie die Schale von der eiförmigen Kerze – wie beim Schälen eines Eies. Sie können aber auch die Schale um die Eier lassen.

MIT WACHSMALSTIFTEN LASSEN SICH AUCH TOLLE EFFEKTE ERZEUGEN: VERSUCHEN SIE SICH DOCH EINMAL AN MARMORIERTEN OSTEREIERN, WO SIE DIE FARBE NUR GROB DURCH DAS WACHS ZIEHEN, ABER NICHT UMRÜHREN. MIT SOLCHEM TOLLEN ZIMMERSCHMUCK KANN DER OSTERHASE RUHIG KOMMEN!

GESCHMÜCKTE BIENENWACHSLICHTER –
PERFEKT ALS BASTELEI MIT KINDERN

In der dunklen Herbst- und Winterzeit erhellt ein warmes Licht in der Stube die Gemüter. Gleichzeitig hält die Natur mit Blättern und kleinen Zweigen viele hübsche und kostenlose Dekorationsgegenstände bereit. Versuchen Sie doch einmal, mit Kindern eigene Lichter aus Bienenwachs herzustellen und mit selbst gesammelten Funden zu verschönern – da leuchten selbst in der dunklen Jahreszeit die Gesichter.

ZUTATEN UND HILFSMITTEL

- **Bienenwachs**
- **Gepresste Blüten und Blätter**
- **Luftballon**
- **Großer Topf** für ein Wasserbad, **großer Behälter** zum Schmelzen des Bienenwachses in dem Wasserbad
- **Backpapier**

VORGEHENSWEISE

1. Schmelzen Sie das Bienenwachs langsam bei niedriger Temperatur im Wasserbad.
2. Füllen Sie einen Ballon mit kaltem Wasser und blasen Sie ein bisschen Luft bis zur gewünschten Größe hinzu. Der Luftballon wird dann den Innenraum des Lichtes ausfüllen.
3. Tauchen Sie den Luftballon sehr, sehr kurz in das geschmolzene Wachs. Achtung: Das Wachs darf wirklich nicht heiß sein, ansonsten platzt der Ballon.
4. Stellen Sie anschließend den Ballon mit Wachshaut auf Backpapier und lassen Sie ihn kurz trocknen.
5. Wiederholen Sie den dritten und vierten Schritt 6- bis 8-mal.
6. Verzieren Sie die noch weiche Wachsschale mit getrockneten Blüten, Blättern und anderen geeigneten Fundstücken.
7. Lassen Sie den nun wachsbeschichteten Ballon komplett auskühlen.
8. Stechen Sie den mit Wasser gefüllten Luftballon über einem Waschbecken an und entfernen Sie ihn vorsichtig aus der Wachsschale.
9. Stellen Sie nun ein LED-Teelicht hinein und lassen es durch die hübsche Bienenwachsschale leuchten.

SCHMÜCKEN SIE MIT DEN KERZEN IHREN ADVENTSKRANZ ODER EIN HÜBSCHES WEIHNACHTSGESTECK. DIE LICHTER BRINGEN SIE IN WEIHNACHTLICHE STIMMUNG.

ZITRONENGRAS-DUFTKERZEN
ALS INSEKTENSCHUTZ

Mücken sind eine lästige Erscheinung beim geselligen Grillabend oder gemütlichen Sitzen auf der Terrasse. Dem können Sie mit Duftkerzen aus eigener Herstellung schnell Abhilfe schaffen. Der Geruch, den das Zitronengras-Öl verströmt, hält die Insekten fern und lässt Sie in Ruhe Ihre Limonade in der Natur genießen.

ZUTATEN UND HILFSMITTEL

- **150 g Kokosöl**
- **50 g Bienenwachs-Pastillen**
- **20 Tropfen Zitronengras-Öl.** Nach Belieben lassen sich auch Kräuteröle wie Salbei oder Lavendel ergänzen
- **Dochte**
- **Topf und Glas** für ein Wasserbad
- **Klebeband oder Wäscheklammern**
- **Nagelschere**
- **Dekorative Gläser**

VORGEHENSWEISE

1. Wiegen Sie Ihr Öl und Wachs sorgfältig ab.
2. Erwärmen Sie diese Zutaten langsam in einem Glas im Wasserbad, bis alles geschmolzen ist.
3. Geben Sie das Zitronengras-Öl hinzu und rühren Sie gut um.
4. Platzieren Sie den Docht in der Mitte und fixieren Sie ihn mit Klebeband oder Wäscheklammern.
5. Gießen Sie die Schmelzmischung in die Gläser.
6. Lassen Sie Ihre Duftkerzen gut auskühlen.

ZÜNDEN SIE IHRE DUFTKERZE AN EINEM LAUEN SOMMERABEND AUF DEM BALKON ODER DER TERRASSE AN UND GENIESSEN SIE DIE MÜCKENFREIE ZEIT.

ZITRONEN- & ORANGEN-KERZEN

Eine etwas andere Idee zum Kerzen gießen sind Zitronen- und Orangen-Kerzen. Bringen Sie mit dieser farbenfrohen Variante den Sommer auf Ihren Tisch.

▸ ZUTATEN UND HILFSMITTEL

- **Zitronen oder Orangen**
- **Bienenwachs-Pastillen**
- **Zitronengras- oder Orangen-Öl** (kann auch weggelassen werden)
- **Messer**
- **Löffel**
- **Docht**
- **Topf und Glas** für ein Wasserbad
- **Wäscheklammern**

▸ VORGEHENSWEISE

1. Waschen Sie die Zitrone oder Orange und halbieren Sie diese.
2. Entfernen Sie das Fruchtfleisch mit dem Löffel.
3. Platzieren Sie den Docht in der Mitte und fixieren ihn gegebenenfalls mit Wäscheklammern.
4. Lassen Sie das Bienenwachs in einem Glas im Wasserbad schmelzen.
5. Geben Sie eventuell Zitronengras-/Orangen-Öl hinzu und rühren Sie gut um. Entscheiden Sie selbst, ob und wie stark die Kerzen nach Zitrone/Orange riechen sollen.
6. Gießen Sie die Schmelzmischung in die Zitronen/Orangen-hälften.
7. Lassen Sie Ihre Kerzen gut auskühlen.

BRINGEN SIE NUN DIE VITAMIN C-LIEFERANTEN ZUM BRENNEN UND GENIESSEN SIE DEN HERRLICHEN DUFT IN DER LUFT.

GEDREHTE KERZEN
AUS BIENENWACHS

Drehen Sie Ihre Kerzen selbst aus Bienenwachs. Diese Form der Kerzenherstellung ist denkbar einfach und benötigt sehr wenige Hilfsmittel. Die verwendeten Bienenwachsplatten haben normalerweise schon von sich aus ein dekoratives Muster, sodass Sie mit wenig Arbeit schnell eine hübsche Kerze herstellen können. Das soll Ihre Kreativität jedoch nicht begrenzen. Toben Sie sich auch bei selbst gedrehten Kerzen mit Ihrer ganzen Fantasie beim Schmücken aus.

▸ ZUTATEN UND HILFSMITTEL

- **Bienenwachsplatten** in der gewünschten Größe (werden auch Mittelwände genannt)
- **Docht mit entsprechender Länge**
- **Evtl. Schmuck oder Ornamente.** Das können kleine Wachsfiguren wie Blumen oder Bienen sein, die beim Herunterbrennen der Kerze mitschmelzen

▸ VORGEHENSWEISE

1. Erwärmen Sie Ihre Platte sehr vorsichtig, am besten über Wasserdampf. Das macht sie biegsam. (Dieser Schritt muss nicht zwingend gemacht werden.)
2. Machen Sie einen Knoten in ein Ende des Dochtes.
3. Legen Sie den Docht an der schmalen Kante der Platte entlang.
4. Rollen Sie nun die Kerze um den Docht. Auf diese Weise bleibt der Docht automatisch immer in der Mitte, egal wie dick die Kerze wird.
5. Schneiden Sie den Docht nach dem Rollen am Knoten ab.
6. Schneiden Sie eventuell mit einem Hobbymesser eine Ecke der letzten Kante schräg ab. So sieht Ihre fertige Kerze noch dekorativer aus.

ZÜNDEN SIE IHRE SELBST GEDREHTE KERZE AN UND GENIESSEN SIE DUFT UND STIMMUNG.

EIGENE KERZEN AUS
BIENENWACHS ZIEHEN

Schlanke, hohe Kerzen für den Kerzenständer auf der schön ge-
deckten Tafel – dieses elegante Detail können Sie aus reinem
Bienenwachs in der gewünschten Länge und Dicke selbst herstellen. Erst einmal angezündet, verströmen sie nicht nur einen
angenehmen Duft ohne künstliche Nebenwirkungen, sondern
auch eine herrliche und romantische Atmosphäre. Kerzendre-
hen ist ein wunderbares DIY-Projekt für jede Wohnstube und
auch als Geschenk sehr gut geeignet.

Zutaten und Hilfsmittel

- **200 g Bienenwachs**
- **Docht.** Als Faustregel gilt: doppelt so lang wie die
  gewünschte Kerze, da 2 Kerzen gleichzeitig gezogen
  werden, zuzüglich 10 cm an jedem Ende, zuzüglich
  2,5 cm an jedem oberen Ende zuzüglich 1 cm pro
  Kerze. Beispiel: Bei einer Kerzenlänge von 20 cm
  sollte der Docht für beide Kerzen insgesamt 57 cm
  lang sein.
- **Topf und hoher Plastikbehälter** für ein Wasserbad,
  ggf. hochwandiger Wachstopf
- **1 Schraubenmutter** pro Kerze
- **Holzleiste**
- **Klebestreifen**

Vorgehensweise

1. Lassen Sie das Bienenwachs in einem hohen Behälter im
   Wasserbad oder im Wachstopf langsam schmelzen.
2. Schneiden Sie die Dochte auf die gewünschte Länge zu.
3. Befestigen Sie die Schraubenmuttern an beiden Enden des
   Dochtes mit einem kleinen Knoten.

4. Hängen Sie dann den Docht so über die aufgehängte Holzleiste, dass sich beide Muttern auf der gleichen Höhe befinden. Sie dürfen sich dabei nicht berühren.

5. Befestigen Sie den Docht mit Klebestreifen an der Holzleiste, um ihn festzuhalten.

6. Tauchen Sie nun beide Dochte in den hohen Wachstopf und lassen Sie die Dochte sich vollsaugen.

7. Wiederholen Sie diesen „Tauchgang" nun jedes Mal, nachdem sich die Farbe des Wachses verändert hat. Das kann einige Minuten dauern und bedeutet, dass die letzte Schicht ausreichend gehärtet ist. Achten Sie darauf, das geschmolzene Wachs währenddessen flüssig zu halten.

8. Setzen Sie die Tauchgänge fort, bis die Kerzen ungefähr ¾ des gewünschten Durchmessers erreicht haben. Schneiden Sie dann die Gewichte (Muttern) ab.

9. Wiederholen Sie die letzten 2–3 Tauchgänge mit etwas heißerem Wachs. Damit bekommt Ihre Kerze eine schöne Oberfläche.

10. Lassen Sie nun die Kerzen komplett durchtrocknen und ganz hart werden. Die fertigen Kerzen sind dann etwas dünner als die frisch gezogenen, da sich das Wachs beim Abkühlen zusammenzieht.

JETZT SIND DIE SELBST GEZOGENEN KERZEN FÜR DIE FESTLICHE TAFEL ODER DIE GEMÜTLICHE ECKE FERTIG.

KERZEN FÜR DIE
GEBURTSTAGSTORTE

Über kleine Lichter auf der Geburtstagstorte freuen sich nicht nur Kinder. Die schmalen, kurzen Kerzchen in passender Anzahl und zum Auspusten lassen sich auch ganz leicht aus Bienenwachs selbst herstellen. Hier sind nur natürliche Zutaten dabei – nicht schlimm also, wenn etwas Wachs auf die Buttercreme tropft. Machen Sie große und kleine Geburtstagskinder glücklich mit herrlichen Tortenkerzen aus natürlichem Bienenwachs!

▸ Zutaten und Hilfsmittel

- **Bienenwachs.** Die Menge hängt von der gewünschten Anzahl und Länge der Kerzen ab. Rechnen Sie mit etwa 10 g pro kurze Kerze (ca. 8 cm) oder 20 g pro langer Kerze (ca. 15 cm).
- **Sehr dünne Dochte**
- **Topf und hoher Plastikbehälter/hohe Dose** für ein Wasserbad (ggf. hochwandiger Wachstopf)
- **Backpapier**
- **Schere**
- **Lineal**
- **Messer**

▸ Vorgehensweise

1. Bereiten Sie die Dochte vor. Als Faustregel gilt: Der Docht sollte doppelt so lang wie die gewünschte Kerze sein, da 2 Kerzen gleichzeitig gezogen werden. Messen Sie darüber hinaus etwa 3 cm zusätzlich ab, um zwischen den beiden Kerzen beim Eintauchen festhalten zu können. Beispiel: Bei einer Kerzenlänge von 15 cm sollte der Docht für beide Kerzen insgesamt 33 cm lang sein.
2. Schmelzen Sie das Wachs langsam und vorsichtig im Wasserbad, am besten in einem hochwandigen Topf.
3. Tauchen Sie die Kerzen (ohne Gewichte) in das weiche Wachs. Wiederholen Sie dies 5- bis 6-mal.

Leckere Torte backen, Kerzen einstecken und das Geburtstagskind mit seinen ganz persönlichen Jahreslichtern überraschen. Beim Auspusten darf sich der oder die Beschenkte natürlich etwas wünschen!

4. Nach dem letzten Eintauchen, mit dem die Kerze den gewünschten Durchmesser erreicht, lassen Sie die Kerzen etwas abkühlen.
5. Schneiden Sie nun mit einer Schere die Kerze auf die gewünschte Kerzenlänge plus 1 cm zu.
6. Auf einer mit Backpapier belegten, festen und glatten Unterlage rollen Sie nun die Kerzen hin und her. Dabei werden sie glatt.
7. Lassen Sie nun die Kerzen weiter abkühlen.
8. Schneiden Sie zuletzt mit einem scharfen Messer das überschüssige Wachs um den Docht herum ab.

GEWACHSTES LAUB
AUS DER NATUR

Verlängern Sie das Leben und die wunderschöne Struktur getrockneter Blätter im Wachskleid. Die wunderschönen Ornamente sind in einer Schale auf der Anrichte ein Blickfang oder hängen aufgefädelt auf einer Fadenkette dekorativ im Zimmer.

▷ ZUTATEN UND HILFSMITTEL

- **500 g Bienenwachs**
- **Getrocknete Blätter aus der Natur**
- **Ggf. Duftöl**
- **Topf und Glas** für ein Wasserbad
- **Holzstäbchen**
- **Backpapier**

▷ VORGEHENSWEISE

1. Wählen Sie aus Ihrem getrockneten Laub die schönsten Blätter aus. Wenn Sie nicht sicher sind, dass die Blätter komplett durchgetrocknet sind, können Sie diese im Backofen (90 °C, 30 Minuten) oder im Dehydrator (45 °C, 2 Stunden) noch nachtrocknen.
2. Schmelzen Sie nun vorsichtig das Bienenwachs in einem Glas im Wasserbad. Lassen Sie es dabei nicht zu heiß werden. Der Behälter sollte so viel Wachs enthalten, dass die Blätter ganz eingetaucht werden können.
3. Rühren Sie nun Duftöl ein, wenn Sie das wünschen.
4. Tauchen Sie als Nächstes die Blätter in das heiße Wachs. Sie können dabei am Stiel festhalten und die Blätter mithilfe des Holzstäbchens ganz in das Wachs drücken.
5. Legen Sie die Blätter anschließend auf das Backpapier und lassen Sie sie trocknen.

> GEWACHSTE BLÄTTER SIND VOR ALLEM DEKORATIONSELEMENTE UND MACHEN SICH ALS SCHMUCK IN DER WOHNSTUBE GUT. SIE KÖNNEN SIE ALLERDINGS AUCH ZUR HERSTELLUNG VON KARTEN ODER ZUM VERZIEREN VON BASTELEIEN VERWENDEN.

AMARYLLISBLÜTEN & HYAZINTHEN
IM WACHSMANTEL

Die Zwiebelpflanze Amaryllis und auch die Hyazinthen sind schöne blühende Zimmerpflanzen, die besonders um die Weihnachtszeit verkauft werden. Umhüllen Sie die Wurzel mit Bienenwachs und erfreuen Sie sich an der 4–6-wöchigen Blütenpracht, ganz ohne Pflege.

▸ **ZUTATEN UND HILFSMITTEL**

- **200 g Bienenwachs**
- **Amaryllis bzw. Rittersterne oder Hyazinthen**
- **Schere**
- **Topf und Glas** für ein Wasserbad
- **Backpapier**

▸ **VORGEHENSWEISE**

1. Kürzen Sie die Wurzeln der Amaryllis oder der Hyazinthen mit der Schere.
2. Stellen Sie die Wurzeln mindestens 12 Stunden ins Wasser.
3. Schmelzen Sie nun vorsichtig das Bienenwachs in einem Glas im Wasserbad. Lassen Sie es dabei nicht zu heiß werden. Der Behälter sollte so viel Wachs enthalten, dass die Wurzel ganz eingetaucht werden kann.
4. Tauchen Sie als Nächstes die Wurzel bis kurz vor dem Stängel in das heiße Wachs. Machen Sie dieses ein paar Mal und lassen Sie das Wachs zwischendurch kurz trocknen.
5. Stellen Sie die Amaryllis oder Hyazinthen anschließend auf das Backpapier und lassen Sie diese trocknen.
6. Stellen Sie die gewachste Blume an einen hellen und warmen Platz ohne direkte Sonneneinstrahlung.

DEKORIEREN SIE IN DER TRISTEN WINTERZEIT MIT DEN FARBLICHEN BLÜTEN HÜBSCHE GLÄSER ODER GESTECKE. EIN TIPP: ENTFERNEN SIE NACH DER BLÜTE DEN WACHSMANTEL. MIT ETWAS GLÜCK FINDEN SIE DARUNTER EIN PAAR INTAKTE WURZELN UND KÖNNEN DIE ZWIEBEL IN ERDE EINPFLANZEN UND WIEDERVERWENDEN.

KERZEN
IM FARBVERLAUF FÄRBEN

Dieser wundervolle, individuelle Effekt macht aus normalen Haushaltskerzen richtige Schmuckstücke. Die tollen Farbverläufe können Sie auf selbst gegossene oder gezogene Kerzen aufbringen. Aber natürlich lassen sich auch fertige, gekaufte weiße Kerzen prima damit färben.

⊳ ZUTATEN UND HILFSMITTEL

- **Bienenwachs-Pastillen**
- **Wachsmalstifte** in der gewünschten Farbe aus reinem Bienenwachs
- **Weiße Kerzen oder Kerzen aus Bienenwachs**
- **Messer**

⊳ VORGEHENSWEISE

1. Geben Sie die Bienenwachs-Pastillen in ein Glas. Nehmen Sie pro gewünschte Farbe ein Glas mit Bienenwachs.

2. Stellen Sie die Gläser bei 70 °C in den Ofen und lassen Sie das Wachs unter ständiger Beobachtung schmelzen.

3. Schneiden Sie in der Zwischenzeit von den Wachsmalstiften kleine Stückchen mit einem Messer ab.

4. Wenn das Wachs vollständig geschmolzen ist, nehmen Sie die Gläser vorsichtig aus dem Ofen und rühren die Wachsmalstücke unter. Dabei entscheiden Sie selbst, wie kräftig das Wachs gefärbt werden soll, indem Sie vorsichtig das Wachs mit der Farbe mischen. Lassen Sie die Farbe komplett auflösen.

5. Tauchen Sie die bereitgelegten Kerzen an beiden Enden in das gefärbte Wachs mit der jeweiligen Wunschfarbe. Wiederholen Sie den Tauchvorgang je nach Geschmack.

6. Lassen Sie das farbige Wachs an der Kerze trocknen.

Ob als Tischdekoration, bei feierlichen Anlässen, als stilvolles Detail im Wohnzimmer oder als Geschenk für Freunde und Bekannte – die einfach und wunderschön gefärbten Kerzen begeistern jeden.

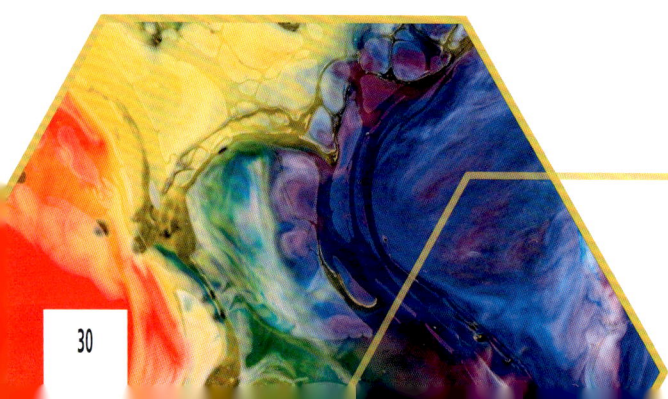

PRAKTISCHES

– FÜR ZU HAUSE –

Mit seinen praktischen, lebensmittelechten und flexiblen Eigenschaften ist Bienenwachs auch im Haushalt, Garten und in der Garage ein prima Helfer. Das Pausenbrot ist im gewachsten Stoff bestens aufgehoben. Die Outdoorjacke ist dank natürlicher Imprägnierung wieder wasserfest und das Auto glänzt dank Wachs wie neu. Bienenwachs kann beim Abdichten von Textilien helfen und eignet sich auch zur Herstellung von Möbel- und Schuhpflegemitteln. Nicht zuletzt kann es Holz vor Zerfall schützen und Leder länger haltbar machen. Eigene Hausmittel aus Bienenwachs selbst herzustellen macht nicht nur Spaß, sondern ist auch wirksam und dabei umweltschonend.

IMPRÄGNIERUNG
FÜR DIE KLEIDUNG

Imprägnierung macht Textilien zuverlässig wasserdicht. Ein selbst hergestelltes Mittel kann das auch. Mit wenigen Zutaten und einer einfachen Vorgehensweise haben Sie bald günstig eine Portion Imprägniermittel für Outdoorjacken, Zelt oder Wald- und Wiesenhose angerührt. Für dieses Rezept machen wir einmal eine Ausnahme und verwenden Paraffin. Diese aus Mineralöl gewonnene Zutat ist nämlich bei der Imprägnierung von Textilien sehr nützlich. Sie sorgt dafür, die Fasern zu schließen und damit dem Regen und der Feuchtigkeit den Weg zu versperren. Bei dem selbst gemachten Imprägniermittel aus Paraffin und Bienenwachs wissen wir aber, was wir verarbeiten, und sparen darüber hinaus noch Geld.

▶ Zutaten und Hilfsmittel

- **100 g Paraffin-Granulat**
- **15 g Bienenwachs**
- **Topf und Glas** für ein Wasserbad
- **Gefäß,** z. B. ein kleiner Plastikbecher oder eine Muffinform. Das Gefäß gibt dem festen Imprägniermittel später seine Form
- **Backpapier und Schere**

▶ Vorgehensweise

1. Erhitzen Sie Paraffin und Wachs im Wasserbad.
2. Legen Sie Backpapier in das Gefäß.
3. Gießen Sie die Mischung in ein Gefäß.
4. Lassen Sie Ihr Imprägniermittel auskühlen.
5. Lösen Sie es aus der Form.
6. Reiben Sie nun Ihre Textilien gründlich mit dem Stück Imprägnierung ein. Lassen Sie keine Ecken aus, um einen kompletten Wasserschutz zu gewährleisten.

TIPP: Handlich ist es vor allem in einer viereckigen Form, diese können Sie aus Backpapier selbst basteln.

MIT EINER DÜNNEN SCHICHT IMPRÄGNIERUNG AUS EIGENPRODUKTION SIND SIE BEIM WALDSPAZIERGANG, AUF DER WANDERUNG ODER DER FAHRRADTOUR BESTENS VOR REGEN GESCHÜTZT.

BIENENWACHSTÜCHER –
GEWACHSTER STOFF FÜR LEBENSMITTEL

Schonen Sie die Umwelt und schützen Sie sich selbst vor künstlich hergestellten Plastik- oder Aluminiumfolien an Ihren Lebensmitteln. Mit Bienenwachs beschichteter Stoff ist praktisch, oft wiederverwendbar und häufig auch noch sehr dekorativ. Sie haben es in der Hand, in welchen Größen, Formen und Motiven Sie Ihr eigenes Frischhaltetuch herstellen wollen. Hinweis: Waschen Sie das Tuch nicht mit Spülmittel und heißem Wasser, da dieses die Wachsschicht zerstört.

▷ ZUTATEN UND HILFSMITTEL

- **Stoffreste.** Verwenden Sie natürliche, saugfähige Fasern wie Baumwolle oder Leinen. Waschen Sie neue Stoffe erst einmal, um eventuelle Beschichtungen zu entfernen
- **2 EL Bienenwachs-Pastillen** für ein kleines Tuch, 3–4 gehäufte EL Bienenwachs-Pastillen für ein größeres Tuch
- **1 TL Kokosöl** (optional auch Jojoba-Öl, Sonnenblumenöl). Wenn Sie Ihre Tücher besonders geschmeidig machen wollen, verwenden Sie Kokos- oder ein anderes Pflanzenöl, das nicht luft- oder lichtempfindlich ist
- **Bügelbrett und Bügeleisen**
- **2 Seiten Backpapier**

▷ VORGEHENSWEISE

1. Legen Sie Backpapier auf das Bügelbrett.
2. Schneiden Sie den Stoff in die gewünschte Größe zu und legen diesen auf das Backpapier.
3. Tröpfeln Sie ca. alle 3 cm das Öl auf das Tuch. (Sie können das Öl auch weglassen, aber dann wird das Tuch nicht so geschmeidig).
4. Verteilen Sie gleichmäßig die Wachspastillen auf dem Stoff.
5. Legen Sie Backpapier auf das Tuch mit dem Öl und den Bienenwachs-Pastillen.
6. Bügeln Sie die Wachspastillen gleichmäßig in den Stoff ein, so wird das Wachs mit dem Öl und dem Tuch verbunden.
7. Lassen Sie das Tuch 5 Minuten abkühlen.

WICKELN SIE NOCH HEUTE IHR PAUSENBROT INS SELBST GEMACHTE WACHSTUCH UND GENIESSEN SIE DOPPELT.

HOLZPFLEGE
AUS BIENENWACHS

Für natürliche Oberflächen aus Holz kann eine Mischung aus Bienenwachs und Öl Wunder wirken. Aber auch Küchenutensilien bekommen mit dem naturverträglichen Pflegemittel neues Leben. Mischen Sie selbst Ihre Holzpflege und erhalten Sie die Holzprodukte in Ihrem Heim noch lange funktionell und wunderschön.

▸ ZUTATEN UND HILFSMITTEL

- **100 g Öl. Kokosöl** pflegt großporige Oberflächen – alternativ werden für dunkle Oberflächen Leinöl und für helle Olivenöl empfohlen
- **20 g Bienenwachs**
- **Topf und Glas** für ein Wasserbad
- **Löffel** zum Umrühren
- **Behälter** zum Aufbewahren
- **2 Baumwolltücher**

▸ VORGEHENSWEISE

1. Geben Sie Öl und Bienenwachs in ein Glas ins Wasserbad.
2. Erwärmen Sie es unter ständigem Umrühren bei niedriger Hitze.
3. Geben Sie die komplett geschmolzene Mischung in den Aufbewahrungsbehälter.
4. Lassen Sie das Gemisch fest werden – es bekommt eine Konsistenz ähnlich wie Butter.
5. Tragen Sie die Holzpflege sparsam mit einem sauberen, weichen Baumwolltuch auf die zu behandelnde Fläche auf und massieren diese gut ein.
6. Lassen Sie es einige Minuten wirken und nehmen Sie anschließend die überschüssige Pflege auf.
7. Polieren Sie mit einem trockenen Tuch nach.

IHRE HOLZOBERFLÄCHEN UND GEGENSTÄNDE SEHEN MIT DER SANFTEN PFLEGE NICHT NUR SCHÖNER AUS, SONDERN HALTEN AUCH LÄNGER.

SELBST GEMACHTE PFLEGE
FÜR GLATTE LEDERSCHUHE

Flott gepflegte Schuhe sind ein echter Hingucker und begleiten Sie dazu auch noch länger auf Ihren Spaziergängen oder ins Büro. Selbst gemachte Schuhcreme pflegt das natürliche Material Leder ebenso natürlich und macht teure Schuhcreme aus dem Laden überflüssig. Hinweis: Diese Creme funktioniert nur bei Schuhen aus Glattleder. Sie macht sie sehr geschmeidig. Bei Rau- oder Wildleder bewirkt sie das Gegenteil. Achten Sie bei der Verwendung der Schuhcreme darauf und beschriften Sie am besten Ihre Cremedose mit diesem Hinweis.

▸ ZUTATEN UND HILFSMITTEL

- **50 ml Oliven-, Raps- oder Hanföl**
- **40 g Wollwachs** (Lanolin) aus der Apotheke
- **10 g Bienenwachs-Pastillen**
- **Topf und Glas** für ein Wasserbad
- **Löffel**
- **Cremedose oder Tiegel** mit 100 ml Fassungsvermögen

▸ VORGEHENSWEISE

1. Füllen Sie die Bienenwachs-Pastillen in das Glas und lassen Sie es langsam im Wasserbad schmelzen.

2. Fügen Sie die restlichen Zutaten hinzu und rühren Sie gründlich um, bis sich alle Inhaltsstoffe gut verbunden haben.

3. Füllen Sie die Creme in Ihre Dose, sobald diese eine gleichmäßig flüssige Konsistenz hat.

4. Lassen Sie Ihre Creme in der offenen Dose vollständig erkalten.

5. Entfernen Sie groben Schmutz mit einer Bürste von Ihren Glattlederschuhen.

6. Tragen Sie nun die Schuhcreme mit einem trockenen Tuch sparsam auf.

7. Polieren Sie bei Bedarf vorsichtig nach.

MACHEN SIE MIT IHREN WIE NEU GLÄNZENDEN SCHUHEN EINEN GUTEN EINDRUCK.

STOFFSERVIETTEN
MIT BATIKMUSTER

Bereichern Sie Ihre Festtafel und auch den Abendbrottisch zu Hause mit selbst dekorierten Batik-Stoffservietten. Sie können mit Bienenwachs Ihre eigenen Muster auf die Servietten drucken und sie anschließend in den gewünschten Farbtönen einfärben.

▸ ZUTATEN UND HILFSMITTEL

- **Stoffservietten,** am besten aus einem Naturmaterial wie Baumwolle
- **Flüssigwaschmittel**
- **Bienenwachs und Paraffinwachs.** Die beiden Wachse sollten gemeinsam etwa 1,5 cm des Bodens der Schmelzpfanne bedecken und ein Verhältnis von 1:1 ausmachen. Durch das Mischverhältnis der 2 Wachse kann Einfluss auf die Muster genommen werden. Das Paraffin bewirkt, dass in der reservierten Fläche viele kleine Risse entstehen, Bienenwachs bewirkt geschlossene Farbflächen.
- **Kleine Pfanne** (10 cm Durchmesser sind ausreichend)
- **Metallstempel**
- **Kaltbatik-Textilfarbe**
- **Behälter fürs Färben** am besten aus Edelstahl oder Plastik
- **Wäscheleine und -klammern**
- **Stickrahmen**
- **Bügeleisen**

▸ VORGEHENSWEISE

1. Legen Sie die Stoffservietten, die Sie verschönern wollen, etwa eine Stunde in kaltes Wasser mit etwas Flüssigwaschmittel. Spülen Sie anschließend das Waschmittel aus und trocknen Sie die Servietten.
2. Geben Sie beide Wachse gemeinsam in die Pfanne und schmelzen Sie sie langsam. Dabei sollte die Temperatur der Pfanne stets unter 100 °C bleiben.
3. Spannen Sie nun die erste Stoffserviette an der Stelle in den Stickrahmen, an der Sie sie verzieren wollen. Sie können sie gegebenenfalls später an einer anderen Stelle neu einspannen.
4. Tauchen Sie nun den Stempel in das heiße Wachs und drücken Sie ihn anschließend auf die gewünschte Stelle der Stoffserviette innerhalb des Stickrahmens. Das Wachs sollte den Stoff vollständig durchdringen, damit er an diesen Stellen später beim Färben kein Wasser durchlässt. Wiederholen Sie diesen Vorgang sooft Sie wollen an verschiedenen Stellen der Serviette. Es bietet sich an, die Technik zunächst an Stoffresten auszuprobieren.

5. Lassen Sie anschließend alle Stoffservietten vollständig abkühlen, sodass das Wachs im Stoff erhärten kann.

6. Bereiten Sie nun das Farbbad mit der Kaltbatik-Textilfarbe vor. Legen Sie die Servietten zuerst in kaltes Wasser, bis sie ganz vollgesogen sind. Anschließend kommen dieselben ins Farbbad. Behandeln Sie alle Servietten möglichst schnell hintereinander, um ein einheitliches Ergebnis zu erzielen.

7. Spülen Sie dann die Servietten gründlich mit kaltem Wasser aus. Drücken Sie vorsichtig das Wasser aus ihnen heraus und hängen Sie sie zum Trocknen auf.

8. Entfernen Sie nun das Wachs, indem Sie mit dem Bügeleisen über die gewachsten Stellen fahren und das schmelzende Wachs mit Küchenrolle oder Löschpapier aufnehmen.

IHRE SELBST GESTALTETEN STOFFSERVIETTEN MACHEN AUF JEDER TAFEL EINE GUTE FIGUR. LASSEN SIE IHRER FANTASIE DABEI FREIEN LAUF: VIELLEICHT DARF SICH JEDES FAMILIENMITGLIED EINE EIGENE FARBE ODER EIN EIGENES MUSTER WÜNSCHEN.

KAMINANZÜNDER
AUS ZAPFEN UND BIENENWACHS

Dekorativer geht es nicht: Machen Sie aus im Wald gesammelten Tannen- oder Kiefernzapfen Ihre eigenen Kaminanzünder. Damit sieht der Anbrenner auf dem Kaminsims nicht nur schön aus, sondern verbrennt auch rückstandslos und gesundheitsfreundlich.

▸ Zutaten und Hilfsmittel

- **Etwa 1 kg Bienenwachs**
- **4 vollständig getrocknete Zapfen.** Sie können sie ggf. im Backofen bei 60 °C eine Stunde lang nachtrocknen.
- **Kerzendochte aus Baumwolle** (mittlere Stärke)
- **Holzstäbchen**
- **Backpapier**
- **Topf und Glas** für ein Wasserbad

▸ Vorgehensweise

1. Schmelzen Sie das Bienenwachs in einem Glas im Wasserbad, bis es etwa 90 °C warm ist.
2. Wickeln Sie um die obere Seite jedes Zapfens etwa 25 cm Docht. Binden Sie einen Knoten, wobei eine Seite kurz sein sollte und eine lang bleibt.

3. Tauchen Sie so lange einen Zapfen in das Wachs, bis keine Bläschen mehr entstehen. Halten Sie ihn dabei am Docht fest. Dann ist der Zapfen überall luftdicht vom Wachs umschlossen.
4. Lassen Sie den Zapfen nun auf dem Backpapier trocknen.
5. Nun sind die Zapfen zur Anwendung bereit.

ZÜNDEN SIE DEN DOCHT AM ZAPFEN AN UND LEGEN SIE IHN INS VORBEREITETE BRENNHOLZ FÜRS LAGERFEUER ODER DEN KAMIN. DER ZAPFEN WIRD DANN MIT DEM WACHS GUT VERBRENNEN UND DABEI DAS FEUER ENTFACHEN.

KNETE
AUS BIENENWACHS

Kneten macht Großen und Kleinen eine riesen Freude. Die Knete aus Bienenwachs ist ein sehr schöner kreativer Zeitvertreib, die zudem noch herrlich riecht.

▸ **ZUTATEN UND HILFSMITTEL**

Für 250 g Knete:
- **2 EL Vaseline**
- **3 EL Bienenwachs**
- **120 g Kartoffelstärke**
- **Lebensmittelfarbe** zum Einfärben
- **Topf und größeren Topf** für ein Wasserbad

▸ **VORGEHENSWEISE**

1. Schmelzen Sie die Bienenwachs-Pastillen zusammen mit der Vaseline in einem Topf im Wasserbad.
2. Nehmen Sie den Topf anschließend aus dem Wasserbad und lassen Sie die Flüssigkeit ein bisschen abkühlen.
3. Rühren Sie die Kartoffelstärke unter und lassen alles weiter abkühlen.
4. Sobald die Knete lauwarm ist, kann die Lebensmittelfarbe in der Wunschfarbe untergeknetet werden.

WENN SIE DIE KNETE VERSCHLOSSEN AUFBEWAHREN, HÄLT SIE SICH MONATELANG.

TIPP: Bevor Sie mit dem Kneten anfangen, erwärmen Sie die Knete kurz zwischen den Händen, oder legen Sie diese kurz auf die Heizung.

PFLEGEMITTEL
FÜR HOLZSCHNEIDEBRETTER

Hölzerne Schneidebretter in der Küche bleiben Ihnen länger erhalten, wenn Sie sie gut pflegen. Dafür können Sie Ihr eigenes natürliches Mittel herstellen. Es geht dem Küchenbrett dann länger gut und es sieht besser aus.

⟩ ZUTATEN UND HILFSMITTEL

- **70 g gelbe Bienenwachs-Pastillen**
- **Walnussöl**
- **Topf und Glas** für ein Wasserbad
- **Genaue Küchenwaage**
- **Löffel oder Rührstab**
- **Dose oder Tiegel**

⟩ VORGEHENSWEISE

1. Erhitzen Sie vorsichtig das Wachs und das Öl in einem Glas im Wasserbad.
2. Rühren Sie gut um, bis die Masse gut durchgemischt ist.
3. Füllen Sie nun die Mischung in die Dose zum Aufbewahren.
4. Anwendung: Geben Sie eine kleine Menge Pflegemittel auf ein sauberes, trockenes Tuch und reiben Sie das Küchenbrett gut damit ein.
5. Lassen Sie es über Nacht einziehen und wischen Sie am nächsten Tag das Holz mit einem sauberen Tuch ab.

GEBEN SIE IHREN KÜCHENBRETTERN NEUES LEBEN MIT DER SELBST GEMACHTEN PFLEGE. SO MACHT DAS SALAT- UND BROTSCHNEIDEN WIEDER SPASS, UND DAS NÜTZLICHE HOLZBRETT WIRD ZUDEM ZUM TOLLEN HINGUCKER.

FÄDEN UND GARN
WACHSEN

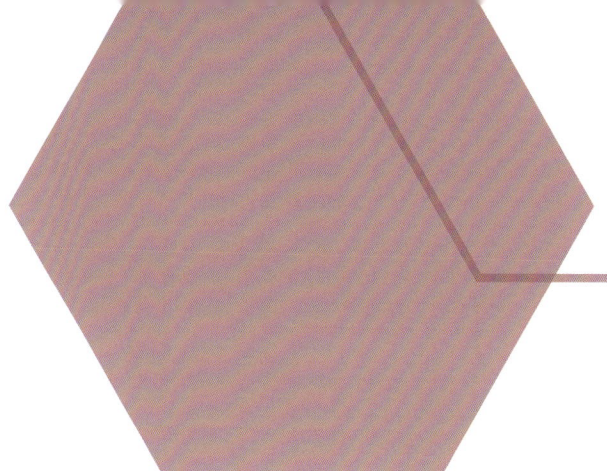

Fäden zum Auffädeln für Schmuckperlen oder Nähgarn aus Stofffasern können leicht ausfransen und unter größerer Belastung auch reißen. Mit Bienenwachs können Sie Ihre besonderen Fäden widerstandsfähiger machen. Ihr Kunsthandwerk sieht mit gewachstem Garn nicht zuletzt feiner und hochwertiger aus.

▸ ZUTATEN UND HILFSMITTEL

- **100 g Bienenwachs-Pastillen**
- **Topf und Glas** für ein Wasserbad
- **Kleine Form, z. B. Muffin- oder Seifenförmchen**
- **Spülmittel**
- **Pinsel oder Löffel**
- **Messer**

▸ VORGEHENSWEISE

1. Schmelzen Sie das Bienenwachs vorsichtig und langsam in einem Glas im Wasserbad.
2. Verteilen Sie Spülmittel mithilfe eines Löffels oder Pinsels in der kleinen Form.
3. Gießen Sie das Wachs ca. 2 cm hoch in Ihre bereitgestellte Form.
4. Lassen Sie es komplett abkühlen. Entfernen Sie es anschließend aus der Form.
5. Wärmen Sie nun ein Messer unter heißem Wasser und schneiden Sie eine flache Ritze in den Wachsblock.
6. Ziehen Sie bei Bedarf Ihren Faden oder Ihr Garn durch den Wachsblock. Halten Sie dabei den Daumen oben auf den Faden, damit er nicht herausrutscht.
7. Fahren Sie anschließend mit dem Faden mehrmals durch Daumen und Zeigefinger, um überschüssiges Wachs zu entfernen.

DIESES KLEINE UND EINFACHE, ABER EFFEKTIVE HILFSMITTEL BEI DER HANDARBEIT UND SCHMUCKHERSTELLUNG VEREDELT IHRE PRODUKTE.

MIT WACHSGIESSEN
AN SILVESTER DIE ZUKUNFT VORHERSAGEN

Am Silvesterabend kann Wachs das Gleiche wie Blei und ist dabei noch umwelt- und gesundheitsfreundlich. Gießen Sie Wachs statt Blei, lesen Sie daraus die Zeichen fürs neue Jahr und verwenden Sie anschließend das Wachs einfach weiter. Eine schöne, nachhaltige Silvestertradition.

▸ ZUTATEN UND HILFSMITTEL

- **Bienenwachs-Pastillen**
- **Metallkelle**
- **Flamme aus einer Kerze oder Öl**
- **Schüssel mit kaltem Wasser**
- **Löffel**

▸ VORGEHENSWEISE

1. Entzünden Sie die Flamme.
2. Geben Sie eine kleine Portion Wachs in die Kelle.
3. Lassen Sie das Wachs in der Kelle schmelzen.
4. Gießen Sie nun schnell das flüssige Wachs in die Schüssel mit kaltem Wasser.
5. Nehmen Sie mit einem Löffel vorsichtig die Wachsfigur aus dem Wasser und deuten Sie drauf los.

DIE UNTERHALTSAME SILVESTERTRADITION BESAGT, DASS DIE GEGOSSENE FORM IHRE ZUKUNFT VERRÄT. LASSEN SIE SICH DAVON ÜBERRASCHEN UND INSPIRIEREN, WAS DAS WACHS AN DIESEM ABEND FÜR SIE HERVORBRINGT.

KOSMETIK

– Aus Bienenwachs –

Die natürlichen Produkte von Bienenvölkern sind so gut verträglich und können sogar zur Heilung beitragen, dass Sie sie getrost an Ihre Haut lassen können. Sie sind in den meisten Fällen sogar besser für den Körper als Pflege mit künstlichen Zusatzstoffen. Dabei sind Lippenbalsam, Bodylotion und Co. auch noch leicht herzustellen. Kosmetik selbst zu produzieren, birgt darüber hinaus noch weitere Vorteile. Sie können selbst ätherische Öle ihrer Wirkung und ihres Duftes wegen auswählen. Außerdem sind diese hochwertigen, reinen Naturprodukte in der Herstellung günstiger als fertige Produkte im Laden.

PFLEGENDER LIPPENBALSAM
MIT VANILLE

Bei der eigenen Herstellung von Kosmetik nehmen Sie Themen wie Zusatz- und Duftstoffe selbst in die Hand. Sie entscheiden nämlich selbst, womit Sie Ihre Pflegeprodukte „würzen" wollen. Gönnen Sie Ihren Lippen jederzeit eine reichhaltige und natürliche Pflege. Lippen wollen im Winter vor der Kälte geschützt sein, damit sie nicht rissig werden. Aber auch im Sommer tut ihnen etwas Unterstützung gut – nämlich Schutz vor Sonnenstrahlen. Tun Sie sich und Ihrem Körper mit diesem selbst gemachten Lippenbalsam etwas Gutes, und vermeiden Sie gleichzeitig paraffinhaltige Kosmetik.

Zutaten und Hilfsmittel

- **4 g Bienenwachs-Pastillen**
- **10 g Sheabutter**
- **10 g Kokosöl**
- **Einige Vanillekörner aus der Stange oder 3 Tropfen natürliches Vanillearoma aus der Flasche**
- **Topf und Glas** für das Wasserbad
- **Kleiner Behälter** zum Aufbewahren

Vorgehensweise

1. Erwärmen Sie Sheabutter, Kokosöl und Bienenwachs bei niedriger Temperatur in einem Glas im Wasserbad, bis das Wachs vollkommen zerschmolzen ist.
2. Geben Sie die Vanillekörner oder das -aroma zu der geschmolzenen Mischung.
3. Füllen Sie nun die Flüssigkeit in Ihren Behälter.
4. Lassen Sie Ihren Lippenbalsam nun vollständig abkühlen.
5. Verwenden Sie den Lippenbalsam wie gewohnt und verreiben Sie ihn mit einem Finger auf den Lippen.

Erfreuen Sie sich an geschmeidigen Lippen und an der umwelt- und gesundheitsfreundlichen Herstellungsweise Ihres Lippenbalsams.

LIPPENPFLEGESTIFT
MIT VITAMIN E

Der Lippenpflegestift mit Vitamin E macht die Lippen geschmeidig und schützt vor Sonnenstrahlen. Er ist auch eine tolle Idee für ein selbst gemachtes Geschenk an Ihre Freundinnen. Diese werden bemerken, dass Sie den Pflegestift mit viel Liebe und guten Inhaltsstoffen hergestellt haben.

▶ ZUTATEN UND HILFSMITTEL

- **10 g Rapsöl**
- **10 g Jojobaöl**
- **10 g Bienenwachs-Pastillen**
- **10 g Kakaobutter**
- **1 Vitamin E-Kapsel**
- **10 Tropfen Aloe Vera-Gel**
- **Topf und Glas** für das Wasserbad
- **Tiegel oder Lippenstifthülsen**

▶ VORGEHENSWEISE

1. Erwärmen Sie Raps-, Jojobaöl und Bienenwachs bei niedriger Temperatur in einem Glas im Wasserbad, bis das Wachs vollkommen zerschmolzen ist.
2. Nehmen Sie das Gemisch vom Herd und geben Sie die Kakaobutter hinzu. Verrühren Sie alles gut.

3. Lassen Sie die Flüssigkeit abkühlen.
4. Fügen Sie unter Rühren das Aloe Vera-Gel und die Vitamin E-Kapsel hinzu.
5. Füllen Sie das fertige Balsam in Tiegel oder Lippenstifthülsen.

VERWÖHNEN SIE IHRE LIPPEN UND SCHÜTZEN SIE DIESE VOR SONNENSTRAHLEN.

HAUTLOTION GEGEN INSEKTENBISSE
IN HANDLICHER FORM

Insekten werden bekanntermaßen von Gerüchen angezogen – oder eben auch abgeschreckt. Lassen Sie Mücken und andere Sauger nächstes Mal Ihre Blutmahlzeit woanders abhalten. Mit der selbst gemachten Insektenschutz-Lotion in fester Form halten Sie sich lästige Krabbler ganz natürlich vom Leib.

▶ ZUTATEN UND HILFSMITTEL

- **15 g Bienenwachs**
- **25 g Kakaobutter oder Sheabutter**
- **20 g Kokosöl**
- **15–30 g Zitronengras-Öl**
- **5–10 Tropfen Neemöl, Eukalyptusöl und Minzöl**
- **Topf und Glas** für das Wasserbad
- **Löffel**
- **Behälter zum Aufbewahren** (z. B. kleines Glas)

▶ VORGEHENSWEISE

1. Schmelzen Sie Bienenwachs und Kakaobutter vorsichtig und vollständig in einem Glas im Wasserbad.
2. Geben Sie das Kokosöl hinzu und lassen Sie alles flüssig werden. Rühren Sie nun gut um.
3. Testen Sie eventuell die Konsistenz, indem Sie einige Tropfen auf einen kalten Teller geben. Ist die Mischung zu weich, geben Sie noch etwas Bienenwachs hinzu. Ist sie zu fest, dann fügen Sie Kokosöl bei.
4. Nehmen Sie die Mischung aus dem Wasserbad und lassen diese abkühlen.
5. Rühren Sie erst dann die ätherischen Öle ein, um sie zu schonen und ihre Wirkung nicht einzuschränken.
6. Gießen Sie nun die noch flüssige Masse in das Aufbewahrungsglas ab.
7. Lassen Sie Ihren Insektenschutz gut durchhärten.
8. Tragen Sie die Lotion auf Ihre Haut auf und lassen diese in Ruhe einwirken.

NUN HEISST ES NUR NOCH GUT EINGECREMT ZUM WALDSPAZIERGANG ODER DER GARTENARBEIT – IHRE INSEKTENSCHUTZ-LOTION BESCHÜTZT SIE VOR GEMEINEN BISSEN UND STICHEN.

ERKÄLTUNGSBALSAM –
WOHLTUEND UND HEILEND

Wir alle kennen es nur zu gut – sobald das Wetter wechselt, Regen und Kälte auf der Tagesordnung sind, zeigen sich der erste Husten und Schnupfen. Im Handumdrehen hat sich fast ein jeder irgendwo angesteckt. Sparen Sie sich von nun an bei Erkältungen den Weg zur Apotheke und den oft teuren Kauf rezeptfreier Medizin. Dieser selbst gemachte Erkältungsbalsam aus rein natürlichen Inhaltsstoffen beruhigt die Atemwege und wirkt beruhigend auf die mitgenommenen Schleimhäute. Außerdem kann er eine ganze Erkältungssaison lang aufbewahrt werden und seinen Zweck erfüllen. Hinweis: Aufgrund der ätherischen Öle darf der Balsam nicht bei Säuglingen, Kleinkindern, Schwangeren und Menschen mit Erkrankungen an den Atemwegen verwendet werden.

▶ Zutaten und Hilfsmittel

- **50 ml Pflanzenöl.** Das kann Oliven-, Sonnenblumen- oder Avocado-Öl sein. Variieren Sie ggf. die Menge an Bienenwachs entsprechend der gewünschten Konsistenz
- **5 g Bienenwachs-Pastillen**
- **6–8 Tropfen ätherisches Öl.** Pfefferminze oder Eukalyptus in beliebiger Mischung bieten sich an
- **Topf und Glas** für das Wasserbad
- **Rührlöffel**
- **Cremetiegel oder anderes Gefäß** zum Abfüllen und Aufbewahren

▶ Vorgehensweise

1. Geben Sie die Bienenwachs-Pastillen und das Pflanzenöl in ein Glas im Wasserbad und lassen Sie es langsam bei niedriger Temperatur erhitzen, sodass das Wachs langsam schmilzt.
2. Testen Sie mit einigen Tropfen auf einem kalten Teller die Konsistenz und geben Sie ggf. noch etwas Öl oder Wachs hinzu.
3. Lassen Sie das Gemisch unter gelegentlichem Rühren abkühlen, bis es lauwarm ist.
4. Rühren Sie nun vorsichtig und schonend die ätherischen Öle unter.
5. Füllen Sie den Balsam in Ihren Behälter.

Geben Sie der Erkältung keine Chance mit Ihrem selbst gemachten Erkältungsbalsam!

FEUCHTIGKEITSSPENDENDE
UND BERUHIGENDE HANDCREME

Unsere Hände machen einiges mit. Sie müssen nicht nur für die Hausarbeit wie Putzen und Abwaschen herhalten, sondern sind auch häufig bei Sonne, Kälte oder Nässe ungeschützt. Gönnen Sie Ihren Händen etwas Gutes aus eigener Herstellung. Damit kombinieren Sie nur die reichhaltigen, pflegenden und hochwertigen Inhaltsstoffe, die Sie an Ihre Haut lassen wollen. Probieren Sie diese einfache Mischung aus und werden Sie unabhängig von industriell hergestellten Cremes in der Plastiktube.

▶ Zutaten und Hilfsmittel

- **2 EL Bienenwachs-Pastillen**
- **2 EL Mangobutter**
- **4 EL Kokosöl**
- **4 EL Arganöl**
- **1 EL Feigen-Kaktus-Öl**
- **2 EL Rosenwasser**
- **Topf und Glas** für das Wasserbad
- **Behälter** zur Aufbewahrung

▶ Vorgehensweise

1. Schmelzen Sie Bienenwachs, Mangobutter und Kokosöl bei niedriger Temperatur in einem Glas im Wasserbad.
2. Fügen Sie die Öle hinzu und rühren Sie gründlich.
3. Gießen Sie zum Schluss das Rosenwasser in die Mischung und rühren Sie erneut um.
4. Füllen Sie die Mischung in einen Cremetiegel oder ein Glas mit Deckel ab.
5. Lassen Sie Ihre Handcreme vollständig abkühlen – dann ist sie fertig zum Gebrauch.

Geben Sie Ihren Händen täglich eine Portion pflegende Handcreme mit wohltuender Massage – sie werden es Ihnen danken.

GESICHTSMASKE
AUS HONIG UND WACHS

Mithilfe einer Gesichtsbehandlung wird Ihre Haut reiner und entspannter. Die beiden wertvollen Produkte der Bienen, Honig und Wachs, lassen sich zu einer wohltuenden Maske mischen, die jede Gesichtshaut jubeln lässt.

▶ ZUTATEN UND HILFSMITTEL

- **20 g Bienenwachs**
- **6 EL Honig**
- **Topf und Glas für das Wasserbad**
- **Verschließbares Gefäß**

▶ VORGEHENSWEISE

1. Schmelzen Sie das Bienenwachs vorsichtig und langsam in einem Glas im Wasserbad.
2. Geben Sie den Honig nach und nach hinzu.
3. Rühren Sie den Honig unter, bis die Masse erkaltet ist.
4. Füllen Sie die Honig-Gesichtsmaske in das Döschen.
5. Tragen Sie die Maske großzügig aufs Gesicht auf und lassen Sie diese 20–30 Minuten einwirken.
6. Entfernen Sie die getrocknete Masse gründlich mit einem warmen feuchten Waschlappen.

GÖNNEN SIE SICH ETWAS VERWÖHNZEIT MIT DEM BESTEN, WAS DIE BIENEN ZU BIETEN HABEN, UND SPÜREN SIE ANSCHLIESSEND IHRE MERKLICH ENTSPANNTERE HAUT.

BODYLOTION –
PFLEGEND UND WOHLTUEND

Eine wohltuende, feuchtigkeitsspendende Bodylotion, die die Haut nach dem Duschen oder dem Bad ganz geschmeidig macht, ist ein echter Luxus. Ihre Haut hat dabei nur das Beste verdient. Lassen Sie bei der täglichen Pflege künstliche Inhaltsstoffe sowie Farb- und Zusatzstoffe weg und geben Sie Ihrer Haut wichtige Nährstoffe aus der Natur.

Zutaten und Hilfsmittel

- **100 ml Kokosöl.** Eine gute Alternative ist auch Sheabutter (beide sind feuchtigkeitsspendend)
- **2 TL Bienenwachs**
- **5 Tropfen Lavendelöl.** Andere ätherische Öle, je nach Geschmack oder Rosenwasser, sind ebenfalls köstliche Zusätze für die eigene Bodylotion
- **Topf und Glas** für das Wasserbad
- **Dose oder Behälter** zum Aufbewahren

Vorgehensweise

1. Schmelzen Sie das Kokosöl und Bienenwachs in einem Glas langsam im Wasserbad.
2. Nehmen Sie das Glas aus dem Wasserbad, sobald alles flüssig ist.
3. Rühren Sie gründlich um, während die Masse etwas abkühlt.
4. Rühren Sie das Lavendelöl langsam und gründlich unter.
5. Füllen Sie die fertige Bodylotion in ein verschließbares Gefäß ab.
6. Cremen Sie sich nach dem Duschen oder Baden am ganzen Körper mit der pflegenden Bodylotion ein.

Massieren Sie die wohltuende, natürliche und herrlich duftende Bodylotion in Ihre Haut und geniessen Sie ihre pure Wirkung.

GESICHTSCREME
AUS BIENENWACHS

Ein strahlender Teint und angenehm genährte Gesichtshaut geben Ihnen den ganzen Tag ein frisches Aussehen und ein gutes Gefühl. Bei der selbst gemachten Gesichtscreme können Sie darauf vertrauen, dass nur die besten Zutaten an Ihre Haut kommen.

▶ Zutaten und Hilfsmittel

- **8 EL Kokosöl,** am besten kalt gepresst
- **4 TL Bienenwachs-Pastillen**
- **8 Tropfen ätherisches Öl** nach Geschmack, Verträglichkeit und Vorliebe
- **Topf und Glas** für das Wasserbad
- **Löffel**
- **Verschließbarer Behälter** zum Aufbewahren, Glas oder Tiegel

▶ Vorgehensweise

1. Schmelzen Sie unter Rühren vorsichtig Bienenwachs und Kokosöl in einem Glas im Wasserbad.
2. Nehmen Sie das Glas mit der geschmolzenen Masse aus dem Wasserbad.
3. Lassen Sie die Crememasse etwas abkühlen.
4. Fügen Sie das ätherische Öl hinzu und rühren Sie gut durch.
5. Lassen Sie die Creme ganz abkühlen und rühren Sie sie zum Schluss noch einmal ordentlich durch, um alles gründlich zu vermischen.
6. Kühlen Sie die Gesichtscreme im Kühlschrank ganz ab und bewahren Sie diese dort auf.
7. Füllen Sie alles in die Tiegel.
8. Tragen Sie die Gesichtscreme täglich auf und massieren Sie sie in die Gesichtshaut ein.

Verleihen Sie Ihrer Haut mit selbst gemachter Gesichtscreme aus natürlichen Zutaten ein jugendliches und frisches Aussehen.

HAARWACHS
AUS BIENENWACHS

Warum nicht gleich beim Styling die Haare auch pflegen? Haarwachs aus natürlichen Zutaten bringt Herren- und Damenhaar in Form, verleiht einen gesunden Glanz und pflegt den ganzen Tag, statt die Haare auszutrocknen und kaputt zu machen. So stellen Sie einfach und schnell Ihr eigenes Haarwachs her.

Zutaten und Hilfsmittel

- **7 g Bienenwachs**
- **50 g Sheabutter**
- **Topf und Glas** für das Wasserbad
- **Behälter** zum Aufbewahren

Vorgehensweise

1. Schmelzen Sie das Bienenwachs vorsichtig in einem Glas im Wasserbad.
2. Drehen Sie den Herd aus, sodass das Wasserbad kälter wird.
3. Fügen Sie die Sheabutter hinzu und lassen diese unter ständigem Umrühren schmelzen.
4. Füllen Sie die flüssige Masse in ein Gefäß ab und lassen Sie sie abkühlen.
5. Verteilen Sie das Wachs in den Haaren und frisieren Sie nach Belieben.

Greifen Sie beim selbst gemachten Haarwachs zu und schützen Sie Ihre Haare mit einem Mantel aus Bienenwachs und Sheabutter.

DEODORANT
ALS STICK

Deodorant ist eines der persönlichen Pflegemittel mit dem engsten, längsten und häufigsten Körperkontakt. Obendrein ist es die meiste Zeit in den Achselhöhlen eingeschlossen. Umso wichtiger ist es, eine hautfreundliche Variante zu finden, die sanft pflegt, Gerüchen entgegenwirkt und sich gut anfühlt. Beim selbst gemachten Deodorant-Stick hilft Bienenwachs als Konsistenzgeber dabei, das Deo auch im Sommer in Form zu halten.

▶ **ZUTATEN UND HILFSMITTEL** für ca. 6 Deosticks à 15 ml

- **110 g Kokosöl**
- **20 g Bienenwachs,** das hier vor allem als Konsistenzgeber wirkt, damit das Deo in der Sommerhitze nicht gleich schmilzt
- **2 EL Speisestärke**
- **1–2 EL Natron**
- **Ätherisches Öl** nach Belieben, abhängig vom eigenen Geschmack
- **Topf und Glas** für das Wasserbad
- **Leere Behälter für Deo,** z. B. Hülsen von aufgebrauchten Deo-Sticks

▶ **VORGEHENSWEISE**

1. Schmelzen Sie das Kokosöl und Bienenwachs in einem Glas im Wasserbad. Beginnen Sie mit einer kleineren Menge Wachs und testen Sie die Konsistenz nach dem Schmelzen, indem Sie eine kleine Menge auf einen kalten Teller tropfen lassen. Sie können dann ggf. immer noch Wachs hinzufügen und schmelzen lassen.
2. Stellen Sie den Herd aus und lassen Sie die Mischung etwas abkühlen.
3. Geben Sie Natron und Speisestärke hinzu und rühren Sie gut unter.
4. Fügen Sie nun ggf. das ätherische Öl hinzu und rühren es sorgfältig unter.
5. Lassen Sie die Masse abkühlen, bis sie anfängt, zäh zu werden. Rühren Sie dann noch einmal um und füllen diese schnell in die Hülsen ab.
6. Stellen Sie das Deodorant zum vollständigen Aushärten in den Kühlschrank und bewahren es dort am besten auf. So hält es ungefähr 2 Monate.

DEN GANZEN TAG GUT RIECHEN MIT SELBST GEMACHTEM DEO – EIN HIT OHNE KÜNSTLICHE ZUSATZSTOFFE.

BARTBALSAM
AUS BIENENWACHS

Für richtige Männer: Auch toll verträgliche Bartpflege lässt sich selber machen. Je nach Länge und Dicke des Bartes hilft das Bartbalsam beim Styling. Gleichzeitig tun die natürlichen Mittel Haut und Haaren gut.

⟩ Zutaten und Hilfsmittel

- **2 TL Bienenwachs**
- **1 TL Lanolin** (Wollwachs)
- **1 TL Sheabutter**
- **6 Tropfen ätherisches Öl** nach eigener Wahl
- **Topf und Glas** für das Wasserbad
- **Löffel**
- **Behälter zur Aufbewahrung,** z. B. Dose oder Tiegel

⟩ Vorgehensweise

1. Schmelzen Sie Bienenwachs, Lanolin und Sheabutter bei niedriger Temperatur in einem Glas im Wasserbad und rühren alles gut um.
2. Nehmen Sie das Glas aus dem Wasserbad.
3. Lassen Sie die Flüssigkeit etwas abkühlen.
4. Fügen Sie das ätherische Öl hinzu und rühren Sie gründlich um.
5. Füllen Sie die Mischung in den Behälter ab und lassen Sie sie aushärten.

Perfekt gestylt und selbst gemacht durch den Tag mit Bartpflegeprodukten aus der eigenen Manufaktur.

RINGELBLUMENSALBE –
ZUTATEN AUS DER NATUR

Ringelblumensalbe steht in der Hausapotheke jeder Groß-mutter. Ihre Oma hat die Ringelblumen dafür sicher selbst gesammelt und das können Sie auch. Sie lassen sich aber auch in der Apotheke besorgen, genau wie die anderen Zutaten für diese Creme mit den besten Eigenschaften für trockene Haut.

▶ ZUTATEN UND HILFSMITTEL

- **15 g Kakaobutter**
- **10 g Bienenwachs-Pastillen**
- **100 ml Aprikosenkernöl**
- **40 ml Ringelblütenaufguss**
- **Topf und Glas** für das Wasserbad
- **Topf für den Ringelblütenaufguss**
- **Feines Sieb**
- **Cremetiegel**

▶ VORGEHENSWEISE

1. Erwärmen Sie die Kakaobutter, das Bienenwachs und das Aprikosenöl auf etwa 65 °C in einem Glas im Wasserbad. Erhitzen Sie gleichzeitig den Aufguss in einem anderen Topf.
2. Nehmen Sie das Glas mit der Kakaobutter- und Wachsmasse aus dem Wasserbad.
3. Gießen Sie nun den Ringelblütenaufguss durch ein Sieb zu der Masse. Rühren Sie dabei ständig um.

4. Rühren Sie weiterhin um, bis die Creme lauwarm ist.
5. Füllen Sie Ihre Ringelblumensalbe in einen Cremetiegel um.

Verwenden Sie Ihre Ringelblumensalbe bei trockener Haut oder allgemein an kalten Tagen. Dann braucht jede Haut extra Schutz, die der Fett- und Feuchtigkeits-gehalt der Ringelblumensalbe bietet. Ein herrlicher Duft und ein angenehmes Hautgefühl gibt sie Ihnen noch dazu.

REINIGUNGSMILCH
FÜR DIE GESICHTSPFLEGE

Tägliches Ritual für unreine Haut, zum Entfernen von Make-Up oder für ein wohliges Hautgefühl nach einem anstrengenden Tag: Die Behandlung des Gesichtes mit Reinigungsmilch ist eine abendliche Wohltat für Ihr größtes Organ. Dabei ist die Bezeichnung „Milch" irreführend, denn das Reinigungsprodukt basiert auf Ölen, Wachs und Wasser.

▷ ZUTATEN UND HILFSMITTEL

- **25 ml Distelöl**
- **4 g Bienenwachs-Pastillen**
- **60 ml destilliertes Wasser**
- **10 Tropfen Zitronenöl**
- **Topf mit Wasser und Glas für ein Wasserbad**
- **Topf**
- **Behälter** zum Aufbewahren

▷ VORGEHENSWEISE

1. Schmelzen Sie vorsichtig Bienenwachs und Distelöl in einem Glas im Wasserbad.
2. Erhitzen Sie gleichzeitig das destillierte Wasser in einem anderen Topf.
3. Nehmen Sie das Glas mit dem Wachs-Öl-Gemisch aus dem Wasserbad und rühren es gut um.
4. Fügen Sie nun nach und nach das destillierte Wasser unter ständigem Umrühren hinzu.
5. Lassen Sie die Reinigungsmilch lauwarm werden.
6. Gießen Sie das Zitronenöl in Ihre lauwarme Reinigungsmilch. Rühren Sie erneut um.
7. Füllen Sie die Milch in einen Behälter und wenden Sie diese mit Waschlappen oder Wattepads auf der Gesichtshaut an.

ERFRISCHENDE, PFLEGENDE UND NATÜRLICHE GESICHTSREINIGUNG IST AUF BASIS VON REINEN NATURPRODUKTEN EIN BESONDERER GENUSS. IHRE SELBST GEMACHTE REINIGUNGSMILCH BIETET IM BADEZIMMER EINEN BESONDERS ELEGANTEN ANBLICK, WENN SIE SIE IN EINEN FLACON ODER EINE HÜBSCHE FLASCHE ABFÜLLEN.

DUFTENDE
BADEÖLE

Ein heißes Bad ist nach einem Tag in der Kälte oder einer anstrengenden Tätigkeit eine herrliche Wohltat für den ganzen Körper. Mit dem selbst gemachten Badeöl setzen Sie dem Genuss noch ein i-Tüpfelchen auf.

▶ ZUTATEN UND HILFSMITTEL

- **70 ml Mandelöl und 10 ml Wacholderöl** für das Mandel-Wacholderbad
- **80 ml Jojobaöl und 10 ml Eukalyptusöl** für das Eukalyptusbad
- **Jeweils 5 g Bienenwachs**
- **Topf und Glas** für ein Wasserbad
- **Behälter oder Flasche** zum Abfüllen

▶ VORGEHENSWEISE

1. Mischen Sie alle Zutaten in einem Glas im Wasserbad.
2. Erhitzen Sie die Masse auf etwa 65 °C.
3. Rühren Sie gut um, bis ein gleichförmiges Öl entsteht.
4. Füllen Sie das Badeöl ab und verwenden Sie eine Portion pro Vollbad.

LEGEN SIE SICH IN DIE BADEWANNE UND GENIESSEN SIE MIT GESCHLOSSENEN AUGEN DEN HERRLICHEN KRÄUTERDUFT IHRES SELBST GEMISCHTEN BADEÖLS. FÜHLEN SIE WIE ES IHRE HAUT IM WARMEN WASSER UMSCHMEICHELT.

BALSAM
FÜR MASSAGEN

Fett und Bienenwachs – in der richtigen Mischung werden diese natürlichen Zutaten zu einem herrlichen Massagebalsam, der die Haut unter angenehmen Berührungen und Bewegungen der Hände verwöhnt. Balsam fürs Massieren ist ein einfaches und schnelles Projekt – auch für spontane Massagen eines müden oder verspannten Familienmitglieds.

▸ Zutaten und Hilfsmittel

- **25 g Bienenwachs-Pastillen**
- **35 g Kakaobutter**
- **39 g Sesamöl**
- **1 g Duftöl nach Wahl**
- **Topf und Glas** für ein Wasserbad
- **Waage**
- **Form für Seifen oder Backförmchen**
- **Aufbewahrungsgefäß**

▸ Vorgehensweise

1. Geben Sie die Bienenwachs-Pastillen und das Sesamöl in ein Glas ins Wasserbad und schmelzen Sie beides langsam zusammen.
2. Fügen Sie jetzt die Kakaobutter hinzu.
3. Fügen Sie das Duftöl hinzu und verrühren Sie es.
4. Füllen Sie die Mischung in das Gefäß und lassen Sie alles abkühlen.

Egal, ob Sie den Massagebalsam sofort in Gebrauch nehmen oder womöglich mit einem Gutschein für eine wohltuende Massage verschenken – der Empfänger wird sich auf jeden Fall über diesen selbst gemachten, natürlichen Schatz freuen.

NATÜRLICHES PEELING
FÜR GLATTE HAUT

Ab und zu tut Ihre Haut gut daran, die alten Hautschüppchen abzulegen und die jungen, frischen Zellen zu zeigen. Das verleiht Ihnen einen frischen Teint und verjüngt die Haut am ganzen Körper. Das selbst gemachte Peeling verhilft Ihnen zu einem glänzenderen Erscheinungsbild.

▶ **ZUTATEN UND HILFSMITTEL**

- **30 g Distelöl**
- **25 g Mandelöl**
- **15 g Kakaobutter**
- **15 g Mangobutter**
- **10 g Emulgierwachs** (im Reformhaus erhältlich)
- **2 g Bienenwachs-Pastillen**
- **2 g Duftöl**
- **1,5 g Konservierungsmittel Optiphen**
  – in der Apotheke erhältlich.
- **1,5 g Vitamin E-Öl**
- **150 g Zucker**
- **Topf und Glas** für ein Wasserbad
- **Löffel**
- **Thermometer**
- **Schüssel**
- **Mixgerät**
- **Behälter** zum Aufbewahren

▶ **VORGEHENSWEISE**

1. Geben Sie Distel- und Mandelöl, Kakao- sowie Mangobutter, Emulgierwachs und die Bienenwachs-Pastillen in ein Glas und stellen Sie es ins Wasserbad.
2. Schmelzen Sie alle Zutaten langsam und unter ständigem Umrühren.
3. Messen Sie stets die Temperatur der Masse. Wenn sie 49 °C beträgt, geben Sie Optiphen, das Vitamin- und Duftöl Ihrer Wahl hinzu. Rühren Sie erneut gut um.
4. Füllen Sie die Masse in eine Schüssel um und lassen Sie sie abkühlen, bis ihre Temperatur ca. 27 °C beträgt.
5. Rühren Sie nun alles mit dem Mixgerät durch, bis die Konsistenz weich und gleichförmig ist.
6. Fügen Sie nun den Zucker hinzu und verrühren Sie alles weiter zu einer gleichförmigen Masse.
7. Füllen Sie nun das Zuckerpeeling in geeignete Behälter, z. B. Gläschen, und bewahren Sie es kühl auf.

VERWENDEN SIE IHR PEELING IN DER DUSCHE, WO DER ZUCKER ALTE HAUTSCHÜPPCHEN SCHONEND ENTFERNT UND DAS ÖL IHRE HAUT PFLEGEND MIT FEUCHTIGKEIT VERSORGT.

PFLEGE FÜR NÄGEL
UND DIE NAGELHAUT

Selbst bei regelmäßiger Handpflege kommen die Nägel oft zu kurz. Stellen Sie selbst feuchtigkeitsspendende Creme für Ihre Nagelhaut und Nägel her, mit der Sie sie täglich verwöhnen können.

ZUTATEN UND HILFSMITTEL

- **3 EL Kokosöl**
- **3 EL Bienenwachs-Pastillen**
- **Topf und Glas** für ein Wasserbad
- **Kleine Behälter** zum Abfüllen

VORGEHENSWEISE

1. Erwärmen Sie das Kokosöl langsam in einem Glas im Wasserbad und lassen es schmelzen.
2. Geben Sie unter ständigem Umrühren die Bienenwachs-Pastillen hinzu.
3. Füllen Sie die Mischung ab und lassen Sie diese abkühlen. Sie ist jetzt fertig zur Verwendung.

ZU HAUSE ODER UNTERWEGS – MIT DIESER EINFACHEN UND EFFEKTIVEN NAGELPFLEGE BEKOMMT DIE NAGELHAUT DIE FEUCHTIGKEIT, DIE SIE BRAUCHT. AUCH WEICHE UND RISSIGE NÄGEL KÖNNEN DAMIT BESSER VORM BRECHEN BEWAHRT WERDEN.

FUSSBALSAM
AUS BIENENWACHS

Unsere Füße tragen uns im wahrsten Sinne des Wortes den ganzen Tag. Oft behandeln wir sie stiefmütterlich, denn schließlich sind sie „weit weg". Das haben sie nicht verdient! Verwöhnen Sie Ihre Füße mit einer besonderen Pflege aus eigener Herstellung.

▶ ZUTATEN UND HILFSMITTEL

- **25 g Mandelöl.** Die Menge kann für eine weichere Konsistenz auf 30–40 g erhöht werden.
- **15 g Bienenwachs-Pastillen**
- **20 g Sheabutter**
- **Ggf. 5 Tropfen ätherisches Öl.** Erfrischende Zitrone oder entspannendes Lavendel empfehlen sich
- **Topf und Glas** für ein Wasserbad
- **Tiegel** zum Aufbewahren

▶ VORGEHENSWEISE

1. Wiegen Sie die Zutaten genau ab.
2. Schmelzen Sie Bienenwachs und Sheabutter in einem Glas im Wasserbad.
3. Geben Sie das Mandelöl hinzu und rühren Sie das Ganze gut um.
4. Lassen Sie die Masse etwas abkühlen und geben Sie dann das ätherische Öl hinzu.
5. Füllen Sie die Masse in einen Tiegel ab und lassen diese komplett abkühlen.

CREMEN SIE MIT DIESEM FUSSBALSAM REGELMÄSSIG IHRE FÜSSE EIN UND ERLEBEN SIE EIN WAHRES WUNDER. IHRE FÜSSE WERDEN SICH SEHR SCHNELL WEICHER ANFÜHLEN UND SELBST RISSIGER FUSSHAUT WIRD ES BALD BESSER GEHEN.

GLOW STICKS –
SCHIMMERNDE AKZENTE

In der eigenen Küche lassen sich mit natürlichen Zutaten die feinsten Produkte herstellen. Der Glow Stick verleiht Ihrer Ausstrahlung Akzente und ist im Handumdrehen selber gemacht.

▶ Zutaten und Hilfsmittel

- **15 g Bienenwachs-Pastillen**
- **15 g Mandelöl**
- **10 g Kokosöl**
- **2 TL Pigmentpulver** in der gewünschten Farbe – z. B. rosa, gold oder silber
- **Topf und Glas** für ein Wasserbad
- **Kleine Behälter**

▶ Vorgehensweise

1. Erhitzen Sie das Kokosöl vorsichtig in einem Glas im Wasserbad und lassen Sie es vollständig schmelzen.
2. Geben Sie nun die Bienenwachs-Pastillen hinzu und lassen es komplett schmelzen.
3. Rühren Sie nun das Mandelöl unter, bis eine einheitliche Masse entsteht.
4. Mischen Sie jetzt das Pigmentpulver unter ständigem Umrühren ein.
5. Füllen Sie die Masse in die bereitgestellten Behälter und lassen Sie diese aushärten.

Verwenden Sie den Glow Stick, um mit den Fingern schimmernde Akzente im Gesicht und im Dekolleté zu setzen. Er lässt Ihre Erscheinung erstrahlen!

FESTES PARFÜM
MIT GANZ PERSÖNLICHER DUFTNOTE

Das eigene Parfüm selber machen? Das ist einfacher als Sie denken! Außerdem können Sie hier Ihre ganz persönliche Note zum Ausdruck bringen, denn Sie wählen selbst die ätherischen Öle, nach denen Sie duften wollen.

▶ ZUTATEN UND HILFSMITTEL

- **5 g Bienenwachs**
- **10 g Kakaobutter**
- **20 g Sheabutter**
- **3–4 g Parfümöl oder ätherische Ölmischung,** 1 g entspricht dabei etwa 25 Tropfen
- **Rührstäbchen**
- **Topf und Glas** für ein Wasserbad
- **Glastiegel** zum Aufbewahren

▶ VORGEHENSWEISE

1. Geben Sie das Bienenwachs, die Kakao- und die Sheabutter ins Glas ins Wasserbad und erhitzen Sie alles unter ständigem Umrühren, bis es geschmolzen ist.

2. Nehmen Sie das Glas aus dem Wasserbad, rühren Sie gut um und geben Sie dann das Duftöl hinzu. Rühren Sie auch während des Abkühlens immer wieder um, bis die Mischung zähflüssig wird.

3. Füllen Sie die Masse im zähflüssigen Zustand in den Aufbewahrungsbehälter und lassen Sie diese fest werden.

DAS FESTE PARFÜM KÖNNEN SIE WIE EINE CREME AUFTRAGEN UND INTENSIV DUFTEN LASSEN. VARIIEREN SIE DIE DUFTZUTATEN NACH IHREM GESCHMACK, DEM ANLASS UND DER JAHRESZEIT. DER FANTASIE SIND BEI DIESEM REZEPT KEINE GRENZEN GESETZT.

SALBE GEGEN VERBRENNUNGEN
UND SCHÜRFWUNDEN

Mit dem Fahrrad gestürzt, die heiße Herdplatte berührt oder mit kochendem Teewasser bespritzt. Im Unglücksfall sollte lindernde Creme stets zur Hand sein. Diese Salbe besteht nur aus natürlichen Zutaten und Sie können diese selbst zu Hause herstellen.

▶ ZUTATEN UND HILFSMITTEL

- **125 g Olivenöl**
- **4 g Honig**
- **30 g Bienenwachs** (ggf. mehr, falls eine festere Creme gewünscht ist)
- **1 Tropfen Lavendelöl** (optional)
- **8 g Beinwell**
- **8 g Eibischwurzel**
- **8 g Hamamelisrinde**
- **8 g Wermut**
- **Topf und Glas** für ein Wasserbad
- **Cremetiegel oder -döschen**

▶ VORGEHENSWEISE

1. Stellen Sie aus den Kräutern und dem Öl ein Kräuteröl her. Erhitzen Sie Öl und Kräuter im Wasserbad auf kleiner Flamme mindestens 4 Stunden. Sieben Sie danach das Öl ab und drücken Sie dabei die Kräuter gut aus.
2. Schmelzen Sie in einem Glas im Wasserbad das Bienenwachs.
3. Geben Sie das Öl hinzu und achten Sie nun auf die Konsistenz. Diese können Sie auf einem kalten Löffel testen. Ist die Salbe zu dünn, können Sie an dieser Stelle mehr Wachs hinzugeben.
4. Lassen Sie die Mischung auf etwa 40 °C abkühlen und fügen Sie nun den Honig sowie ggf. das Lavendelöl hinzu.
5. Füllen Sie die Salbe in einen Tiegel.

NUTZEN SIE DIE SALBE BEI SCHMERZHAFTEN HAUTABSCHÜRFUNGEN UND VERBRENNUNGEN. SIE BERUHIGT DIE HAUT UND LINDERT DAS BRENNEN.

SPITZWEGERICH-SALBE
AUS BIENENWACHS

Spitzwegerich ist in der Kräuterkunde für seine heilenden Eigenschaften bekannt. Gleichzeitig ist er einer der am häufigsten vorkommenden Kräuter der Natur und damit leicht zu finden. Mithilfe von selbst gemachtem Spitzwegerich-Kräuteröl und Bienenwachs können Sie bei Juckreiz und Husten selbst Abhilfe schaffen.

▶ **ZUTATEN UND HILFSMITTEL**

- **100 ml Bio-Pflanzenöl,** z. B. Oliven- oder Sonnenblumenöl
- **12 g Bienenwachs**
- **1 Handvoll frisch gepflückte Spitzwegerich-Blätter,** klein geschnitten
- **Topf und Glas** für ein Wasserbad
- **Baumwolltuch**
- **Schraubglas** zum Aufbewahren

▶ **VORGEHENSWEISE**

1. Bereiten Sie aus dem Spitzwegerich und dem Öl ein Kräuteröl zu, indem Sie Öl und Blätter in einem Glas im Wasserbad eine Stunde lang ziehen lassen. Sieben Sie anschließend mithilfe eines Baumwolltuches die Blätter aus dem Kräuteröl.

2. Erhitzen Sie das Bienenwachs und das Öl langsam im Wasserbad, bis das Wachs geschmolzen ist.
3. Rühren Sie die Mischung gut durch.
4. Füllen Sie die Masse in ein Schraubglas und lassen Sie diese abkühlen. Verschließen Sie das Glas erst nach vollständigem Abkühlen.

BEI HUSTEN UND JUCKREIZ HILFT DIE SPITZWEGERICH-SALBE BERUHIGEND. CREMEN SIE DAMIT BRUST UND HALS EIN, UM DIE SYMPTOME ZU LINDERN.

HONIGSEIFE
AUS BIENENWACHS

Um Fette zu verseifen und daraus herrlich schäumende Seifenstücke herzustellen, wird Natriumhydroxid verwendet. Dabei ist aufgrund seiner ätzenden Eigenschaften Vorsicht geboten. Es gibt aber gleichzeitig herrliche Möglichkeiten, selbst aus Lieblingszutaten nach Herzenslust Handseifen, Haarseifen und vieles mehr herzustellen. Es lassen sich auch prima feste Zutaten wie getrocknete Blumen oder – wie in diesem Rezept – Haferflocken verwenden. Vorsicht beim Ausprobieren – und vor allem viel Vergnügen beim Seifen herstellen.

ZUTATEN UND HILFSMITTEL

- **175 g Olivenöl**
- **125 g Kokosöl**
- **125 g Rapsöl**
- **75 g Reiskeimöl**
- **25 g Bienenwachs**
- **70 g Natriumhydroxid** (in der Apotheke erhältlich)
- **175 g Hafermilch**
- **1 TL zerkleinerte Haferflocken**
- **2 EL Honig**
- **Zubehör zum Wasserbad und diverse Schüsseln zum Hantieren**
- **Feinmaschiges Sieb**
- **Förmchen** zum Gießen der Seife

VORGEHENSWEISE

1. Frieren Sie die Hafermilch als Eiswürfel ein.
2. Stellen Sie dann mit der gefrorenen Hafermilch und dem Natriumhydroxid nach Anleitung der Packungsbeilage die Natronlauge her. Beachten Sie unbedingt die Sicherheitsvorkehrungen, denn Lauge ist ätzend.
3. Schmelzen Sie Kokosöl und Bienenwachs in einem Glas im Wasserbad.

4. Stellen Sie den Herd aus, damit das Wasserbad an Temperatur verliert und fügen Sie die Öle hinzu.
5. Lassen Sie Lauge und Wachs-Öl-Gemisch etwas abkühlen.
6. Geben Sie die Lauge durch ein feinmaschiges Sieb zu den Fetten.
7. Rühren Sie gründlich um und pürieren Sie anschließend die Masse.
8. Rühren Sie nach dem Pürieren den Honig und die zerkleinerten Haferflocken unter.
9. Füllen Sie den Seifenschleim in handliche Formen und lassen ihn darin erhärten.
10. Lassen Sie die Seife mindestens 2 Tage in der Form ruhen. Die Seife ist anfangs noch etwas weich, wird mit der Zeit aber härter. Wenn Sie das lieber mögen, können Sie auch mehrere Wochen warten.

MIT SELBST GEMACHTER SEIFE BRINGEN SIE HAUTFREUNDLICHE PFLEGE, HERRLICHEN DUFT UND NATÜRLICHE ZUTATEN INS BADEZIMMER.

SALBE GEGEN
KALTE HÄNDE UND FÜSSE

Kalte Hände oder Füße? An einem Wintertag oder nach längerem Aufenthalt in kühlem Schatten kann es einen schon etwas frösteln. Wir kennen alle das Gefühl, anschließend nicht wieder richtig warm zu werden. Dagegen haben wir ein bewährtes Mittel: die herrliche Wärmesalbe gegen kalte Hände und Füße!

ZUTATEN UND HILFSMITTEL

- ½ geraspelter Apfel
- 1 EL geraspelter Ingwer
- 1 TL Zimt
- 100 ml Öl
- 10 g Bienenwachs-Pastillen
- 1 feines Sieb
- **Topf** für ein Wasserbad
- **Glas mit Verschluss** zum Aufbewahren

VORGEHENSWEISE

1. Erhitzen Sie Öl in einem Topf.
2. Fügen Sie den geraspelten Apfel, den geraspelten Ingwer und Zimt hinzu und lassen Sie alles ½ Stunde bei geringer Hitze ziehen.
3. Trennen Sie die Gewürze und das Öl, indem Sie die Mischung durch ein feines Sieb in ein Glas gießen.
4. Stellen Sie das Glas mit dem Öl in ein Wasserbad und fügen Sie Bienenwachs hinzu.
5. Lassen Sie das Bienenwachs schmelzen und rühren Sie die Mischung gut um.
6. Nehmen Sie das Glas aus dem Wasserbad und lassen Sie alles gut abkühlen.

MASSIEREN SIE DIE SALBE GENÜSSLICH IN HÄNDE UND FÜSSE EIN. SCHON BALD DURCHSTRÖMT SIE WOHLIGE WÄRME.

HONIG-
WUNDSALBE

Der Ausspruch „so weich wie ein Babypopo" kommt mit dieser herrlichen Salbe zu seinem Recht. Sie kann sogar verhindern, dass es überhaupt erst zu wunden Babypopos kommt. Denn bei Verdacht auf gereizte Haut wirkt diese pflegende und heilende Creme aus wohltuenden Ölen und Honig ihre Wunder. Erwachsene dürfen die Salbe mit gleichem Erfolg natürlich auch gern gegen gereizte Haut verwenden.

▶ ZUTATEN UND HILFSMITTEL

- **20 ml Mandel- oder Calendulaöl**
- **20 ml Johanniskrautöl**
- **4 g Kakaobutter oder Sheabutter**
- **4 g Lanolin bzw. Wollwachs** (Lansinoh funktioniert auch)
- **4 g Honig**
- **4 g Bienenwachs-Pastillen**
- **Topf und Glas** für ein Wasserbad
- **Glastiegel oder Dose**

▶ VORGEHENSWEISE

1. Schmelzen Sie die Bienenwachs-Pastillen in einem Glas im Wasserbad.
2. Nehmen Sie das flüssige Wachs vom Herd und rühren Sie die Öle und das Lanolin unter.
3. Geben Sie nun die Pflanzenbutter und den Honig hinzu.
4. Lassen Sie auch diese Zutaten unter vorsichtigem Umrühren schmelzen und sich mit den Ölen verbinden.
5. Geben Sie die noch flüssige Creme in einen Behälter und lassen diese abkühlen.

MIT DIESER SALBE NEBEN DEM WICKELTISCH LÄCHELN BABYS WIEDER UND FREUEN SICH DARAUF, AKTIV DIE WELT ZU ENTDECKEN.

HONIGSHAMPOO
AUS BIENENWACHS

Gönnen Sie sich bei der Haarpflege beste Qualität oder fertigen Sie Haarseife als herrliches und individuelles Geschenk an. Für ein schäumendes und entfettendes Shampoo muss eine Lauge hergestellt werden. Das ist nicht immer ganz einfach. Doch das vorsichtige Experimentieren lohnt sich. Das eigene Shampoo in Bar-Form pflegt natürlich, schonend, hält lange und ist viel günstiger als Qualitätsprodukte aus dem Laden.

ZUTATEN UND HILFSMITTEL

- **20 g Honig**
- **80 g SCI** (Sodium Cocoyl Isethonate)
- **70 g SLSA** (Sodium Lauryl Sulfoacetate)
- **2 Msp Sanfttensid**
- **2 g Glycerinstearat**
- **2 g Cetearylalkohol**
- **2 g Glycerin**
- **6 g Bienenwachs**
- **30 g Olivenöl**

- **Topf und Glas** für ein Wasserbad
- **Behälter** zum Formen des Shampoobars
- **Mundschutz**

VORGEHENSWEISE

1. Mischen Sie SCI und SLSA. Dabei ist höchste Vorsicht geboten. Setzen Sie einen Mundschutz auf und öffnen Sie das Fenster! Die Tenside stauben.
2. Lassen Sie in einem Glas im Wasserbad Olivenöl, Bienenwachs, Honig, Glycerinstearat und Ceterylalkohol vorsichtig schmelzen und sich vermischen.
3. Geben Sie nun Sanfttensid sowie Glycerin zu den Fetten und Emulgatoren und rühren Sie sehr vorsichtig um.
4. Geben Sie die flüssigen Stoffe zu dem Pulver und kneten alles gut durch.
5. Pressen Sie die Masse in eine feste Form und lassen Sie alles 24 Stunden ruhen.
6. Nun ist das Shampoo als Bar bereit zur Benutzung.

SPARSAMES, LANGE HALTBARES UND SELBST GEMACHTES SHAMPOO MACHT IM BAD ETWAS HER UND PFLEGT DAS HAAR HERRLICH.

DANKSAGUNG

Mein Dank gilt meiner Familie und meiner Frau Anne. Ohne sie wäre dieses Buch nicht entstanden. Sie hatte die Idee und übernahm die Entwicklung, Organisation und Verantwortung.

Danke an Anja Hebner für ihre sehr vielfältigen Rezeptideen und ihre frischen Beschreibungen.

Herzlichen Dank an unsere Grafikerin, die anonym bleiben möchte.

Wir sind sehr glücklich, dass der Verlag Eugen Ulmer unser Buch publiziert. Vielen Dank an alle Ulmer-Mitarbeiter.

Wir danken Ihnen dafür, dass Sie Interesse an unserem Buch gezeigt und es bis hierhin gelesen haben.

Ihr Falco Tietjen, Berufsimker

www.imkerei-tietjen.de

Impressum

Bildquellen

Anne Tietjen: S. 4, 8, 11 (unten), 16, 18, 19,
22 (rechts), 28, 29 (Mitte), 35, 40 (oben),
49 (unten).
Inga Braatz: S. 15
Titelfoto: FalcoTietjen/AdobeStock
Alle weiteren Fotos: Pixaby

Die in diesem Buch enthaltenen Empfehlungen und Angaben sind von den Autoren
mit größter Sorgfalt zusammengestellt und
geprüft worden. Eine Garantie für die Rich-
tigkeit der Angaben kann aber nicht gegeben
werden. Autoren und Verlag übernehmen
keine Haftung für Schäden und Unfälle. Bitte
setzen Sie bei der Anwendung der in diesem
Buch enthaltenen Empfehlungen Ihr persön-
liches Urteilsvermögen ein.
Der Verlag Eugen Ulmer ist nicht verantwort-
lich für die Inhalte der im Buch genannten
Websites.

**Bibliografische Information der
Deutschen Nationalbibliothek**
Die Deutsche Nationalbibliothek verzeichnet
diese Publikation in der Deutschen National-
bibliografie; detaillierte bibliografische Daten
sind im Internet über http://dnb.d-nb.de
abrufbar.

© 2021 Eugen Ulmer KG
Wollgrasweg 41, 70599 Stuttgart (Hohenheim)
E-Mail: info@ulmer.de
Internet: www.ulmer.de
Projektleitung: Lisa Seibel
Herstellung: Silke Reuter
Druck und Bindung: Pustet, Regensburg
Printed in Germany

ISBN 978-3-8186-1347-1

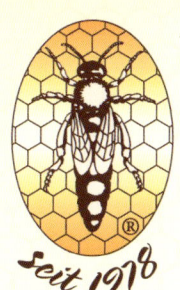

Imkerei Tietjen GbR
Honig vom Fachmann

Unsere Geschichte

seit 1978

1962 erhielt Firmengründer Friedhelm Tietjen von seinem späteren Lehrherren einen Bienenkorb geschenkt – dies sollte der Grundstock für eine der größten Imkereien Norddeutschlands werden.

1978 wurde der Schritt in die Selbständigkeit gewagt, von diesem Zeitpunkt an entwickelte sich der Betrieb weiter zu einer Großimkerei mit derzeit über 600 Bienenvölkern und einem Honighandel samt Messeverkauf und Postversand.

2012 wurde von Vater und Firmengründer Friedhelm Tietjen eine GbR mit Einbindung der drei Söhne Wolfgang (kaufmännische Leitung), Falco (Berufsimker) und Niklas (Berufsimker) gebildet.

Hinter jedem Betrieb stehen Menschen, gerade in einem Handwerk wie der Imkerei ist daher ein gut eingespieltes Team enorm wichtig. Aktuell sind über 15 Mitarbeiter in der Imkerei tätig, viele bereits seit über 20 Jahren.

»Uns alle vereint die Leidenschaft, ein erstklassiges Produkt im Sinne der Natur zu erzeugen. Wir stehen hinter dem, was wir tun – täglich neu.«

Imkerei Tietjen GbR · Schulstrasse 6 · 27419 Klein Meckelsen
Telefon: 04282 1311 · Telefax: 04282 3566 · www.imkerei-tietjen.de

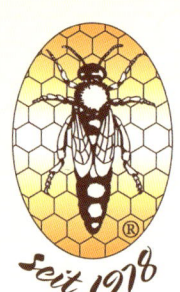

Imkerei Tietjen GbR
Honig vom Fachmann
seit 1978

Das Handwerk Imkerei

Imker ist ein dreijähriger Lehrberuf mit langer Tradition, wir bewirtschaften zur Zeit als Berufsimkerei über 600 Bienenvölker. Ab dem Frühjahr wandern wir dann mit ihnen in die diversen Trachten in ganz Deutschland, um Sortenhonige ernten zu können: ins **Alte Land** zur Bestäubung von Apfel und Kirsche, nach **Schleswig-Holstein** in den Raps, in die Fenchelblüte in **Brandenburg,** zu Akazienwäldern in den **Oderbruch,** nach **Rheinland-Pfalz** in die Kastanie, in den **Schwarzwald** für Tannenhonig, in die **Lüneburger Heide** und viele weitere Gebiete in Deutschland.

Noch während der Blütezeit ernten wir dann den ersten Honig und tauschen die vollen Honigwaben am Bienenstand in leere Waben um, bis die Blüte vorbei ist. Dann werden die Völker in eine andere Tracht oder zurück zum Heimatstand gebracht. Diese Arbeit ist mit wenig Schlaf und viel Körpereinsatz verbunden - die Völker lassen sich nur in der Dämmerung transportieren, und ein Volk mit vollen Honigwaben wiegt oft mehr als 50kg.

Aber ein **Handwerk** ist ein Werk der Hände und nicht durch Maschinen zu ersetzen – zum Glück, wie wir meinen.

Imkerei Tietjen GbR · Schulstrasse 6 · 27419 Klein Meckelsen
Telefon: 04282 1311 · Telefax: 04282 3566 · www.imkerei-tietjen.de

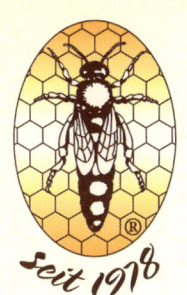

Imkerei Tietjen GbR

Honig vom Fachmann

Die Honig-Qualität

seit 1978

Als Familienbetrieb mit über 600 eigenen Bienen-völkern produzieren wir in unserer Berufsimkerei bereits Honig seit 1978 – diese Erfahrung kommt Ihnen zu gute, denn Honig ist nicht gleich Honig:

Wir verwenden ausschließlich **naturbelassenen Ho-nig** der nicht erhitzt wurde – so bleiben die honigei-genen Enzyme erhalten. Jeder von uns angebotene Honig wird in unserem eigenen Betrieb von uns ver-arbeitet.

Bei unseren Honig-Kreationen mit Frucht oder Ge-würz verwenden wir **nur natürliche Zutaten.**

- **Ohne Konservierungsstoffe**
- **Ohne Farbstoffe**
- **Ohne Aromen**
- **Ohne Zuckerzusatz**
- **Ohne Gelatine**
- **Ohne Süßungsmittel**
- **Glutenfrei**
- **Laktosefrei**

Imkerei Tietjen GbR · Schulstrasse 6 · 27419 Klein Meckelsen
Telefon: 04282 1311 · Telefax: 04282 3566 · www.imkerei-tietjen.de

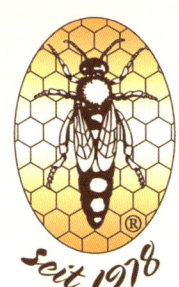

Imkerei Tietjen GbR
Honig vom Fachmann

Verkauf und Versand

Viele unserer Kunden kennen uns vom **Lüneburger Wochenmarkt** und beziehen dort direkt regelmäßig Ihren Honig von uns, aber auch viele Urlauber stoßen bei Ihrer Reise auf unsere Honigvielfalt und decken sich entsprechend mit Honig in unserem **Ladengeschäft** vor Ort ein.

Auch in vielen Hofläden, auf Obsthöfen im Alten Land oder in Feinkostgeschäften erhalten Sie unsere Produkte, da gerade die Kunden dieser Anbieter Wert auf eine dauerhafte Qualität und ein konstantes Sortiment legen. Viele unserer Partner begleiten uns dabei schon seit über 30 Jahren.

Darüber hinaus nehmen wir auch an vielen wiederkehrenden **Veranstaltungen** unterschiedlichster Art teil, Sie treffen uns z.B. auf norddeutschen Gartenfestivals, auf Kunsthandwerkermärkten an der Küste, bei bundesweiten Familienmessen (z.B. Grüne Woche in Berlin, Maimarkt in Mannheim oder Offerta in Karlsruhe) und natürlich auch auf Weihnachtsmärkten (Dortmund, Kiel, Wuppertal, Hamburg etc.).

Der bequemste Weg an unseren leckeren Honig zu kommen ist der Postversand über unseren **Online-Shop.** Seit vielen Jahren schon bieten wir unseren Kunden dabei an:

- **versandkostenfrei ab 30,00 Euro,** keine Kosten für Verpackung etc.
- die Sorten wählen Sie, Versand in bruchsicheren Paketen
- **kompetente telefonische Beratung vor der Bestellung**
- Bestellung per Telefon, Post, Fax oder E-mail möglich
- **jährliche Vorzugsangebote für Postversandkunden**
- Lieferung erfolgt innerhalb 2-3 Tagen

Imkerei Tietjen GbR · Schulstrasse 6 · 27419 Klein Meckelsen
Telefon: 04282 1311 · Telefax: 04282 3566 · www.imkerei-tietjen.de

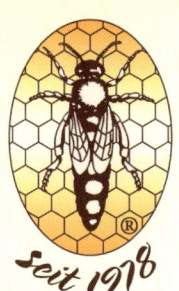

Imkerei Tietjen GbR
Honig vom Fachmann

Wachspastillen

- **PREMIUM QUALITÄT** – Unser Bienenwachs hat das Ecocert Prüfsiegel, welches für die natürliche und organische Kosmetik steht. Unser Bienenwachs ist selbstverständlich **OHNE** Zusatz- & Konservierungsstoffe.

- **SCHNELLE VERARBEITUNG** – Unser Bienenwachs wird in extra kleinen Pastillen geliefert, die optimal schmelzen. So macht die Weiterverarbeitung Spaß.

- **VIELFÄLTIG EINSETZBAR UND LANGE HALTBAR** – Für Kerzenherstellung, Naturkosmetik, Bienenwachstücher, Leder und Holz Pflege, Rostschutz, Möbelpolitur. Unsere Wachs-Pastillen sind durch die wieder verschließbare Verpackung sehr lange haltbar.

- **KAUF VOM FACHMANN** – Als gelernte Berufsimker stehen wir für Fragen zu den Pastillen sehr gerne zur Verfügung.

Wachspastillen
100% natürliches Bienenwachs
entspricht der Qualität für Natur- und Biokosmetik

zur Herstellung von Bienenwachstüchern, Naturkosmetik, Kerzen und vieles mehr

Nicht für Kinder unter 3 Jahren geeignet.
Lagerung: vor Licht geschützt und bei Temperaturen nicht über 30 °C.
Dicht verschlossen (Beutel ist wieder-verschließbar).

Imkerei Tietjen GbR
Schulstraße 6
27419 Kl. Meckelsen
Tel. 04282 13 11
www.imkerei-tietjen.de

Inhalt
200 g

Imkerei Tietjen GbR · Schulstrasse 6 · 27419 Klein Meckelsen
Telefon: 04282 1311 · Telefax: 04282 3566 · www.imkerei-tietjen.de

Imkerei Tietjen GbR
Honig vom Fachmann

Bienenprodukte

Bienen-Power

… enthält hochwertigen Honig, fein gemahlene Blütenpollen, reines Gelee Royale und Propolis. Bienen-Power stellen wir selbst nach Rezept her – ein echter Dauerbrenner seit der Markteinführung bei Jung und Alt.

Blütenpollen

… werden von den Bienen aus den Pflanzen mit in den Bienenstock eingeflogen und dienen durch den hohen Nährstoffgehalt als wichtige Nahrungsquelle. Auch für den Menschen dank seiner natürlichen wertvollen Inhaltsstoffe sehr gut geeignet für die tägliche Unterstützung des Körperhaushalts.

Propolis

… sammeln die Bienen als Harz von Büschen und Bäumen und machen daraus, durch Beimengung ihres Speichels, eine klebrige Masse, mit der sie die Ritzen und Rillen ihres Bienenstockes verkleben und keimfrei machen. Propolis eignet sich hervorragend für die äußere und innere Anwendung oder zur Herstellung von Salben etc.

Gelee Royale

… ist der von Bienen zubereitete Futtersaft für die Königin. Die Bienen erzeugen diesen wie Joghurt aussehenden Saft in ihren Kopfspeicheldrüsen, durch die anhaltende Fütterung entwickelt nur die Larve der Königin die Erbanlagen und wird größer als der Rest der Bienen.

Imkerei Tietjen GbR · Schulstrasse 6 · 27419 Klein Meckelsen
Telefon: 04282 1311 · Telefax: 04282 3566 · www.imkerei-tietjen.de

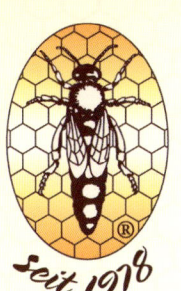

Imkerei Tietjen GbR
Honig vom Fachmann
seit 1978

Premium-Geschenkset
mit 9 x 50g und Honig-Rezeptbuch

Süßen Hunger und Wissensdurst stillen – im Geschenk vereint!

Was Sie verschenken:

- **9 Gläser á 50g diverse Honigsorten** – Regionales & Raritäten (z.B. Heidehonig und Lavendelhonig, Sorten variieren)

- **ein 96-seitiges Buch** mit über 30 Honig-Rezepten – vom Hauptgericht bis zum Dessert sowie Wissenswertem zu Bienen, Imkerei und Honig

- **eine weiße Verpackung** direkt zum Weitergeben

Das Ganze wird in einer hochwertigen und schützenden Versandverpackung versendet, so dass Sie das inliegende Honig-Präsent direkt an den Beschenkten weitergeben können.

Wer Honig liebt und die Vielfalt der Honigwelt und die Welt der Bienen entdecken will wird viel Freude an diesem Geschenk haben – denn nach wie vor verarbeiten wir alle Honigsorten zu 100% selbst in unserem Betrieb!

Imkerei Tietjen GbR · Schulstrasse 6 · 27419 Klein Meckelsen
Telefon: 04282 1311 · Telefax: 04282 3566 · www.imkerei-tietjen.de

Imkerei Tietjen GbR
Honig vom Fachmann

seit 1978

20% Rabatt bei Ihrer ersten Shop-Bestellung

Wählen Sie aus unserem Sortiment:

- über 40 Sorten Honig – Regionales und Raritäten
- Bienenprodukte: Gelee Royale, Propolis etc.
- Leckereien wie Honig-Bonbons, Waffeln ...
- Kerzen aus 100% Bienenwachs
- Naturkosmetik
- Land- und Feinkost

So einfach geht's:
unter
www.imkerei-tietjen.de
im Warenkorb den Code

WACHSBUCH

im Coupon-Fenster eingeben – fertig!

nicht kombinierbar mit weiteren Angeboten

Versandkostenfrei ab 30,- €

Imkerei Tietjen GbR
Telefon: 04282 1311 · Te